DXとは何か

意識改革からニューノーマルへ

坂村 健

角川新書

はじめに

本書は現在世界的なブームになってきているＤＸ（デジタルトランスフォーメーション）についての考え方と、背景にある技術動向の解説をした本である。実はＤＸとは昨日今日始まったわけではない。オープンなネットワークインフラの整備に伴い従来の「やり方」を見直すという動きは、世界的にはインターネットが民間開放された１９８９年以来一貫してあったものだ。しかし、その流れに「ＤＸ」という名前が付いたことで、以前の「情報化」や「デジタル化」とは、どうも違うようだ——と、やっと認識されるようになったというのが今の日本の状況だろう。

我が国はこのＤＸという動きに対して、大きく出遅れたという現実がある。大型コンピュータの導入やＰＣ（パーソナルコンピュータ）の導入については、それなりに世界をキャッチアップしていた日本が、ことＤＸについては明らかに出遅れた。その理由は、それが単にコンピュータやシステムを買ってくればうまくいくというように、従来からの——インターネット以前の「情報化」や「デジタル化」と変わらずに考えていたからだ。DXはユーザー側の考え方レベルから変える意識改革運動の側面が大きい。そうでなければ効果がでない、ということが理解されていなかった。

そこで本書はDXのための具体的な製品やシステムの紹介（どうせそういうディテールは半年程度で古くなるのがこの分野だ）ではなく、背景にある技術動向――さらには哲学やマインドセットといったものについて主に書いている。そのレベルでの無理解――というか人々の考え方とのミスマッチが、DXを進める上での最も大きな障害――それが、多くの企業の方とお話しする中での実感であったからだ。「DX」という言葉で明示化されることで、新しいトレンドが共通して認識できるようになったのと同様に、その考え方のミスマッチも理解できさえすれば対応できるはずだ。

そのため本書では、現在のコンピュータを取り巻くオープンムーブメントといったことから、新型コロナに対する姿勢や安全性に対する考え方、AIの原理まで、一見DXと直接関係のなさそうな話題まで取り扱っている。しかし、実はこれらはある観点で見ると一貫した文脈に乗っており、まさに我が国がDXに乗り遅れた理由に繫《つな》がっているのである。

さらに、それらに対する世界の動向をみることで、どうすればうまくいくかということも解説している。統計やＡＩの原理など、技術的な話もありとっつきにくい所もあるかもしれないが、ディテールよりもむしろそれらに一貫して流れる哲学――今までの考え方との違いを理解してもらえば、あらゆる組織でＤＸをうまく進めるきっかけになると思う。

時期的に本書でも多くとり上げることとなった新型コロナによる社会変化は、くしくも日本のＤＸの必要性を顕在化させることとなった。少子高齢化の進む日本では、今こそＤＸが必要だ。本書が多くの組織で先に進む一助になれば幸いである。

目次

写真提供／NASA、時事通信フォト、高知県立文学館
右記以外の写真はすべて、YRPユビキタス・ネット
ワーキング研究所の提供による。

第1章　DXとは何か

DXというイノベーション

最近、「デジタルトランスフォーメーション」という言葉をよく聞くようになってきた。「Digital Transformation」略して「DX」。どうして「DT」でなく「DX」なのかというと、英語圏では「Ｔｒａｎｓ」を省略するときに「X」と書くからである。ことほど左様に、この言葉の流行は日本のみではなく世界的なものだ。２００４年に、当時スウェーデンのウメオ大学の教授だったエリック・ストルターマン（現イリノイ大学）が「DX」という言葉を使ったとされる。

DXは、欧米では２０１０年あたりから使われ出したが、日本では２０１９年頃から急激に広がり、「企業の生き残りにDXが必要」といった記事や広告も多くみられるようになった。

いわゆる「バズワード」であり、よく使われ、「バズ（蜂のブンブンうなる羽音）」のようによく耳に入ってくるがどこにいるかわからない——技術的には正確な定義はないビジネス的な流行り言葉である。実際DXの本質は技術にはない。とはいえ、すでに「デジタル化」や「情報化」という言葉があるのに、わざわざ「DX」という言葉が使われるのは、単に目新しさからだけではない。重要なのは、これが「構造改革」という意味を本質的に持っているということで、そうでなければＤＸではないと考えた方がいい。

それに対して、従来型の「デジタル化」や「情報化」は、業務の「やり方」の根本は変えない——例えば手書きをワープロにするとか、ＦＡＸの代わりに電子メールを使うようなもので「構造改革」が本質のＤＸとは別モノ。ところが、日本ではその違いを意識しないマスコミ記事も多い。よく読むと従来型の「情報化」や「電子化」、「デジタル化」とどこが違うかわからないような、「ＤＸ」の使い方をしていることもある。

最近の進んだ情報通信技術やＩｏＴを活《い》かし、それらから集まってくるビッグデータ、そしてそれをＡＩのようなものも使いながら解析し、根本的な変革——産業プロセスはもちろん、私たちの生活、社会、企業、国家などすべてに変革を起こそうという動き——を本書ではＤＸと定義する。

Society5・0とDX

ストルターマン教授が当初使ったときの「ＤＸ」の意味は、「ＩＴの浸透が、人々の生活をあらゆる面でより良い方向に変化させる」というものだった。実際ストルターマン教授は、人間がコンピュータにどう指示を与えるかなどを研究するユーザインタフェースデザインが専門で、「ＤＸ」の初出も「Information Technology and the Good Life」という論文だ。「Good Life」の言葉通り、デジタル技術が「人間生活のすべての面」において起こす変化を考察している。しかしその後、ＩＴ系コンサルタントが「ビジネスの構造改革」を示す手ごろな言葉として使うようになり、現在では「企業がテクノロジーを利用して事業の構造や対象範囲を根底から変化させる」というような意味で使われることが多くなった。

だが、これはある意味、ストルターマン教授の先見性であり、初出の広い意味のＤＸこそ、今まさにコンセプトとして重視するべきだろう。例えば、我が国では次なる社会を目指すという意味で「Ｓｏｃｉｅｔｙ５・０」といった言葉を経団連が広めようとしている。しかし狩猟社会（Ｓｏｃｉｅｔｙ１・０）、農耕社会（Ｓｏｃｉｅｔｙ２・０）、工業社会（Ｓｏｃｉｅｔｙ３・０）、情報社会（Ｓｏｃｉｅｔｙ４・０）に続く、人類社会発展の歴史における５番目の新しい社会、といった説明を聞かないと何のことかわからないし、単に「次」というのはコンセプトとしては何も方向性を示していない。

しかし、具体的に「Ｓｏｃｉｅｔｙ５・０」の内容を聞けばまさに「社会全体のＤＸ」であり、ＤＸの意味が一般化さえすれば、「Ｓｏｃｉｅｔｙ５・０」などと言うより「ＳｏｃｉｅｔｙスケールＤＸ」と説明した方がわかりやすい。ＤＸを「デジタル化による企業の構造改革」といった狭い意味で捉えたから「Society5・0」という別の言葉をひねり出すことになってしまったのだろう。

「働き方改革」で言われている「テレワーク」を考えてみよう。理想のテレワークを実現するためには、紙書類や内線電話を介さずにすべての業務を可能にすることが求められる。これは、既存の日本企業にとってはまさに企業のDX――狭い意味のDXの実現だ。しかし「テレワーク」を単に一企業の内部の経営問題として実現しようとすると、解決不能な多くの問題が出てくる。

例えば、他の会社との会議は日常茶飯事だが、これをテレワークにするには相手の会社もテレワーク――つまりDXが進んでいる必要がある。役所が紙書類や印鑑を使っている限り、仕事は完結しないから、行政のDXも進めなければいけない。テレワークで、家で仕事をするということは、家庭でのオンとオフの切り替えや仕事の場所をどうするかといった、生活の「やり方」も変える――つまり個人や家庭レベルのDXとも連動する。子供がいる家庭なら、学校のDXも関連するだろう。

また、テレワークが進めば、当然通勤スタイルが変わる。毎日の通勤が不要になるなら大量輸送インフラを維持するより、必要なときに必要な場所で移動サービスが注文できるMa aS（Mobility as a Service：サービスとしての移動）の方が求められるようになる――という具合で、交通の「やり方」も変わっていく。つまり都市のDXとも連動する。MaaSで考えられている理想は、シェア自転車や自動車から、タクシーやバス、電車などの公共交通まですべて自動連携できるようになっていて、A地点からB地点まで移動したいと言えば、コンピュータが最適の移動経路と移動手段を組み合わせ即時手配してくれるというものだ。さらに移動だけでなく社会の様々な機能を「as a Service」化するというのが「XaaS」（ザースと読む）という流れ。都市のDXのゴールはその「X」の中に都市のすべての機能が入るということなのだ。

「テレワーク」は以前から言われていたのに、日本でほとんど広がらなかった理由は、それを単に企業の問題として捉えていたからだ。しかし、2020年夏のオリンピック・パラリンピック開催予定時の交通破綻《はたん》を避けるため、政府からの依頼に対して検討する企業が増え、同年春に起こった新型コロナ禍により一気に進んだ。「テレワーク」が日本で難しかったことも、社会問題が契機となり一気に進んだことも、結局はそれが「やり方の変革」であり、だからこそ解決のために「一企業」ではなく、「社会全体」を視野に入れなければならない問題だったことを示している。

ＤＸは「やり方の根本的変革」である以上、企業だけで閉じることは不可能で、様々なレイヤー・粒度のＤＸと関連させざるをえない。最終的には「社会全体のＤＸ」へ――つまりは「Ｓｏｃｉｅｔｙ５・０」にならざるをえないのである。

デジタルによる「やり方のイノベーション」

ここで押さえておくべきなのがＤＸの目的だ。当たり前だがＤＸは手段であり、それ自体は目的ではない。では何が目的かというと、端的に言えば「効率化」であろう。サービスの向上と低コスト化を両立させるような、高いレベルでの効率化の実現にＤＸが求められている。少子高齢化が進んでいる日本だが、その日本を持続可能にするために、いろいろなやり方がある中でも、最も痛みが少ないのがこのＤＸという解なのだ。

まず、近代化が進んだ成熟国家においては、道路などのハードインフラの整備による社会の効率化は限界に達している。しかし大きな効率化が不可能なまま少子高齢化が進めば、サービスレベルを下げるしかない。そして、ハードインフラの整備でない、残されたフロンティアこそ、ソフトインフラの整備による社会の効率化なのだ。

とはいえ、日本では随分前から「デジタル化による効率化」がなされているのではないかという反論もありそうだ。しかし、ここで考えるべきは「やり方としての改善と改革」の違いだ。成熟国家は——もちろん日本も成熟国家であり、アメリカとかヨーロッパにもたくさんの成熟国家があるが——やり方が確立しているから成熟国家と言われている。ある程度の効率化ができているのは当然だ。そうした国においては、当然情報面でもすでに効率化はされており、FAXを電子メールに置き換えるようなデジタル化による「改善」はほとんどやり尽くしている。そういう意味で「改革」——イノベーションが注目されているのであり、「やり方」レベルから根本的に変えない限り、これ以上成長しないところに来ているということが大きな前提になる。

RPAはDXではない

例えば最近、日本でパソコンのルーティンワークを自動化させる「RPA：Robotic Process Automation」がブームになってきているが、こういうものはDXではない。経済紙では「どこどこの会社がRPAを導入して、事務作業数千時間分のコスト削減」などと、最近よく記事になっており、それだけ読むとRPAをすごい技術に思ってしまう。しかし、RPAを導入しているからDXをしていると思ったら間違いだ。

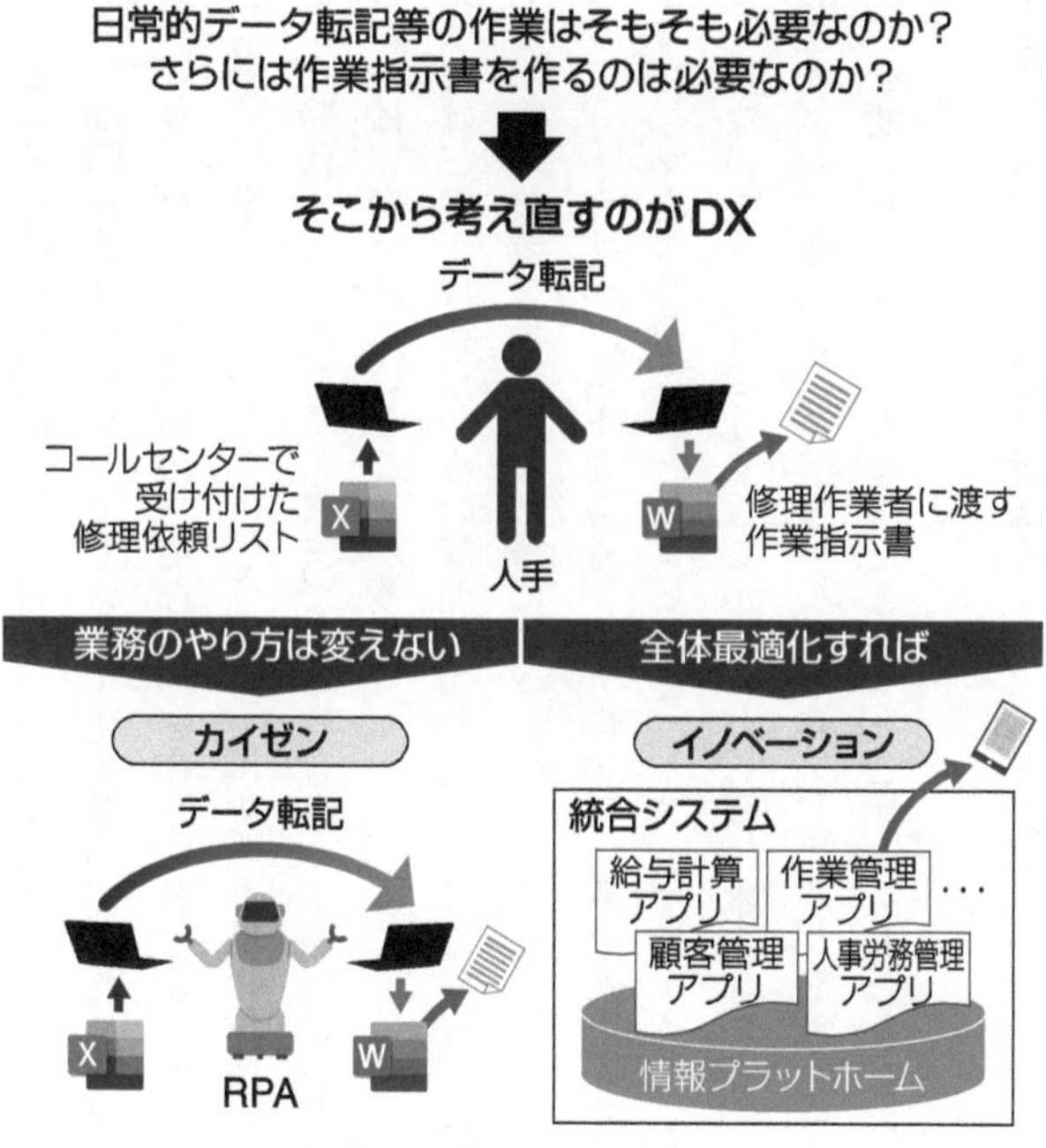

日常的データ転記等の作業はそもそも必要なのか？
さらには作業指示書を作るのは必要なのか？
そこから考え直すのがDX
データ転記
コールセンターで
受け付けた
修理依頼リスト
人手
修理作業者に渡す
作業指示書
業務のやり方は変えない
全体最適化すれば
カイゼン
イノベーション
データ転記
RPA
統合システム
給与計算
アプリ
作業管理
アプリ
顧客管理
アプリ
人事労務管理
アプリ
情報プラットホーム

図1-1　RPAとDXの違い

大きな会社だといろいろな部局があり、日本では多くの場合、インターネット以前のパソコンの時代から各部門が個々の考え方でデジタル化を進めてきた。パソコンを導入し、エクセルで計算表を作り、ワードで穴埋め可能な雛形《ひながた》を作り、各自が工夫して効率化してきた。「日本は現場が優秀」とよく言われるが、その効率化がある意味最適化しすぎた。そのために、ネットワーク時代になってもそのままで、本当はネット時代に合わせてやり方を変えなければならないのに、変われないところが多い。

そういう企業では、例えば顧客からの修理依頼を受け付ける部署がエクセルでまとめた修理依頼リストを、修理業者を管理する部署にネットで送っても、送られた側は個々の作業指示書にするときに、1件ずつリストを見ながら人間の手で顧客の名前をキーボードで打つ――そうでなくても、マウスで項目ごとにコピー&ペーストするようなことをやっている。部局間の連携をとらないでやればこうするしかないだろう。本来なら部署の統廃合とかシステムの作り直しをするべきなのに、「一昔前に作ったデジタル化を変えたくない。今までの仕事の『やり方』を変えたくない」となったとき、そこにあらわれた救世主がRPAというわけだ。

RPAはまさに、人間の行う単純労働のキーボードやマウスの操作をそのままプレイバックしてくれるようなソフトウェアだ。コピーしたデータに合わせてペースト先を変えるような単純な判断もしてくれるので、この作業に事務員1人割り当てていたような会社にとっては、設定したその日から1人分の人員削減ができる。

実は、すでに同様の便利ソフトは米国では10年ぐらい前にあった。一方、日本ではRPAという名前により一気に認知され、今や世界で一番売れているという。まさに「人間の操作プロセスをそのままやってくれるロボット」というわかりやすいネーミングが受けたのだろう。

だが本来、仕事のやり方から見直してネット連携できるシステムに変えれば、人間が行う操作をなぞらなくても、やりたいことをストレートに実現できる。それどころか、そもそもの「やり方」を変えて、ワープロでの依頼書作成など介さず作業員のスマートフォンにチャットで直接メッセージングした方がいいはずだ。こちらがDXの本筋だが、日本はそれをしないで済ますためのRPAに飛び付いている。

日本の真のデジタル化は、RPAを捨てる決断をしたところから始まる。しかし残念ながら、それはだいぶ先のことになりそうだ。RPAのようなレガシー（遺産）を弥縫《びほう》策で継ぎ接《は》ぎしたようなシステムが、ゾンビのように様々な部署に残るだろう。それにより、新しいネット環境を活かしたサービスを導入しようとしても、それらの複雑怪奇に絡み合ったシステム全体が足を引っ張ることになる。このような継ぎ接ぎのシステムをプログラミングでは「スパゲッティ・プログラム」という。一部を直したつもりでも、予期せぬところに影響が波及し収拾がつかなくなる。その結果、せっかく動いているのだから触らないでこのままにしようという判断になり、新サービスができなくなる。

アメリカでもヨーロッパでも、世界中でネットの時代になっている。さらに5Gも来る。通信環境も整ってきて、しかも十分クラウド技術も発展し、環境が整ったことで、そろそろ数十年前に作ったシステムを根本的に作り変えるときが来ているという意思表明がDXなのだ。それをやらないとダメなのに、今あるもののやり方を変えたくないからとRPAを入れるなら、DXにとっては大きな障害になるであろう。

誰がDXをやるのか

もうひとつ、日本で考えなければならないのが、DXの推進を誰がやるのかということだ。自分の組織でやるのか、それとも誰かに頼むのか決めなくてはならない。コンピュータを専門にしないような会社だと、以前はシステム開発をどこか他の会社に頼まざるをえなかった。

もちろん、コンピュータを専門にしていない会社が自己業務のためのシステムをすべて作るというのは無理だろう。しかし、全部でないにしろ、自社内にコンピュータがわかる人間を育てることはDXでは必要だ。そういう努力をしないので日本ではDXがうまく進まないという言い方もできる。

米国では社内でICT（情報通信技術）開発をできる企業が50パーセントぐらいあるのに、日本は10パーセントもないと言われている。行政分野で比べても、シンガポールはIT部門の職員が政府全体の7パーセント。ニューヨーク市が1・2パーセント、パリ市が1・0パーセントという。シンガポールのように、行政組織の中にITの専門家が全体の約1割弱もいるというのは大変なことだが、ニューヨークにしろパリにしろ、それでも1パーセント程度はいる。それらに比べて、東京はどうかというと0・3パーセント。行政のDXを進めるとき、IT関係の人員が少ないことは大きな足かせとなる。

なぜなら、DXは従来型の「業務へのコンピュータの導入」とはだいぶ違う意味合いを持つからだ。従来型の「業務へのコンピュータの導入」とは、結局それまでの業務を前提に、そこにコンピュータを導入して効率化するということである。それこそ、見積りを作るとき、手書きの代わりにエクセルを使えば、再計算できるので計算ミスもなくなるし、顧客との力関係で金額を調整するために、項目ごと細かく修正するときには非常に楽だ。この種の「デジタル化」なら外部から業者をつれてきて、現在の業務のやり方を見せてどうデジタル化するか提案してもらえばいい。

しかし、驚異的なネットワークの進展を前提に、旧態依然とした「顧客との力関係で金額を調整」といった人的コネクションで時間をかけるより、見積りページに条件を入れてもらって自動見積りし、それでOKな顧客を——と、世界ベースで相手を探した方が、より多くのビジネスになるというような「やり方」の改革まで踏み込むには、外部から呼んできた業者では不可能だ。それは社内のビジネスをよく知っている人間でないとできない。

しかし、逆にそういう改革を企画するには、ビジネスを知っているだけではなく、驚異的なネットワークの進展が社会にどういう影響を与えているか、また技術の進歩により何ができて、何ができなくて——さらにはできてもやってはいけないこと（プライバシー問題の機微など）がわかっていなければならない。従来、社内のIT部門は外部のシステム業者とのインタフェース程度の存在だった。しかしDXでは、自社ビジネスをよく知り、デジタル技術を知り、さらに社内改革の旗振り役という大任が求められることになる。

結局大事なことは、社会の側もDXを進めるためには自らを変える勇気がないとダメ、ということだ。できない理由を見つけるのは、特に日本の組織では簡単で「そもそも業務がデジタル化に向いていない」とか「高齢者でコンピュータがあまりわからない人はどうする」とか、そういうことを言いすぎるあまりにブレーキがかかってしまってＤＸ化が進まないという状況を作り出してきた。精神論っぽくなってしまうが、そこを突破できるのは、結局は技術ではなく意識――マインドであるというのが、多くの企業との付き合いで私が実感することだ。

社会全体で進めるには

営利目的で効率化と収益を追求するはずの企業ですら、ＤＸを進めるのは大変なのだから、社会のＤＸとなるともっと課題は大きい。とにかく「変える」ということに対して、社会には常に抵抗がある。一番の障害は何かというと、やはり人々の意識なのだ。

一方、これからの世の中はどうなるとか、技術予測がたくさんのところでなされている。技術でこうなっていくという議論は、多くの日本人が好きだ。マスコミでも技術の話をすると、難しい原理より、それで生活がどう便利になるか「具体的に」言ってくれなどと頼まれる。しかし「新技術を導入して、世の中が良くなる」という単純な話はない。「新技術を導入して活かすため、社会や制度をこう変えなければいけません」という話はあまり好まれないようだ。

例えば社会のDXにおいて、まずマイナンバーのような個人を特定するためのID（Identification／識別子）の導入は不可欠だと思うが、日本においては制度的に利用が強く制限され、DXのために使えない状況が続いている。

これから発展していく国なら、今から先進国を追い越すために、最新テクノロジーを導入して国全体にイノベーションを起こすのはリアルな希望だ。技術だけの議論をしていたのでは世の中は変わらない。まずマインド・精神・人々が変わろうという意識が必要だ。すごい技術を使って、これからの社会全体を変えていこうとか、生活を変えようとか、やり方を変えようなど、「変わるということ」に対してのモチベーションを持たなければ、最新技術だけいくら持ってきても変われない。民主主義の国では行政のデジタル化も、多くの人が賛成と言ってくれなければできないのだ。

よく話題になるのがエストニアだろう。エストニアは日本でいうと面積は九州より大きいとはいえ、人口では奈良県ぐらいの規模の小国だ。それで世界最先端の完全行政電子化を実現した。例えば行政窓口がなく、スマートフォンやネットの画面手続から——頭を冷やすた

図1-2　エストニアの位置

めにわざと面倒なまま残している離婚など数種の手続き以外の――ほぼ全部の行政手続が24時間365日できるという。日本も少子高齢になって、お年寄りが窓口に行くこと自体が大変だという。さらには昨今の新型コロナのパンデミックのような状況下でも社会を維持することを考えるなら、すべてをネットで手続きできるようにすることは、一刻も早くやった方がいい制度改革であり、純粋にエストニアの状況は羨《うらや》ましいと思う。

なぜエストニアでできるのに日本でできないのか？　失礼な言い方かもしれないが、技術的や予算的にエストニアでできて、日本でできないことはないだろう。

結局マインドの問題に帰着する。

エストニアのようなことをやろうとすると、日本では必ず反対する人から「コンピュータを使えない人はどうする」といった意見が出る。エストニアでは小学校からコンピュータ教育を徹底してやっており、「e-エストニア」という掛け声のもと、コンピュータで社会を変える意識が一般化されている。その結果、行政のデジタル化に対して、国民の多くが反対せず、問題があればそれをどう乗り越えてデジタル化するかという前向きの議論ができる。

それをやり通した結果エストニアは、行政コストが英国の0・3パーセントでおさまったのだ。DXを徹底的にやった場合のまず大きな効果はコストの削減だ。窓口にいる人も、手書きの書類を入力する人も、書類を郵便で出す人も全部いらなくなる。全部をネットで受け付けて結果もネットで返すようになったら、常識的に行政コストはそれだけでも減る。

ここで大事なのは、先端テクノロジーを入れて、国のやり方も変える、会社も変える、学校とかいろいろなところを変えていこうとするなら、やはりイノベーションというマインドを皆が持たなければいけないということだ。そうでないと楽なRPAの方にいってしまうのである。

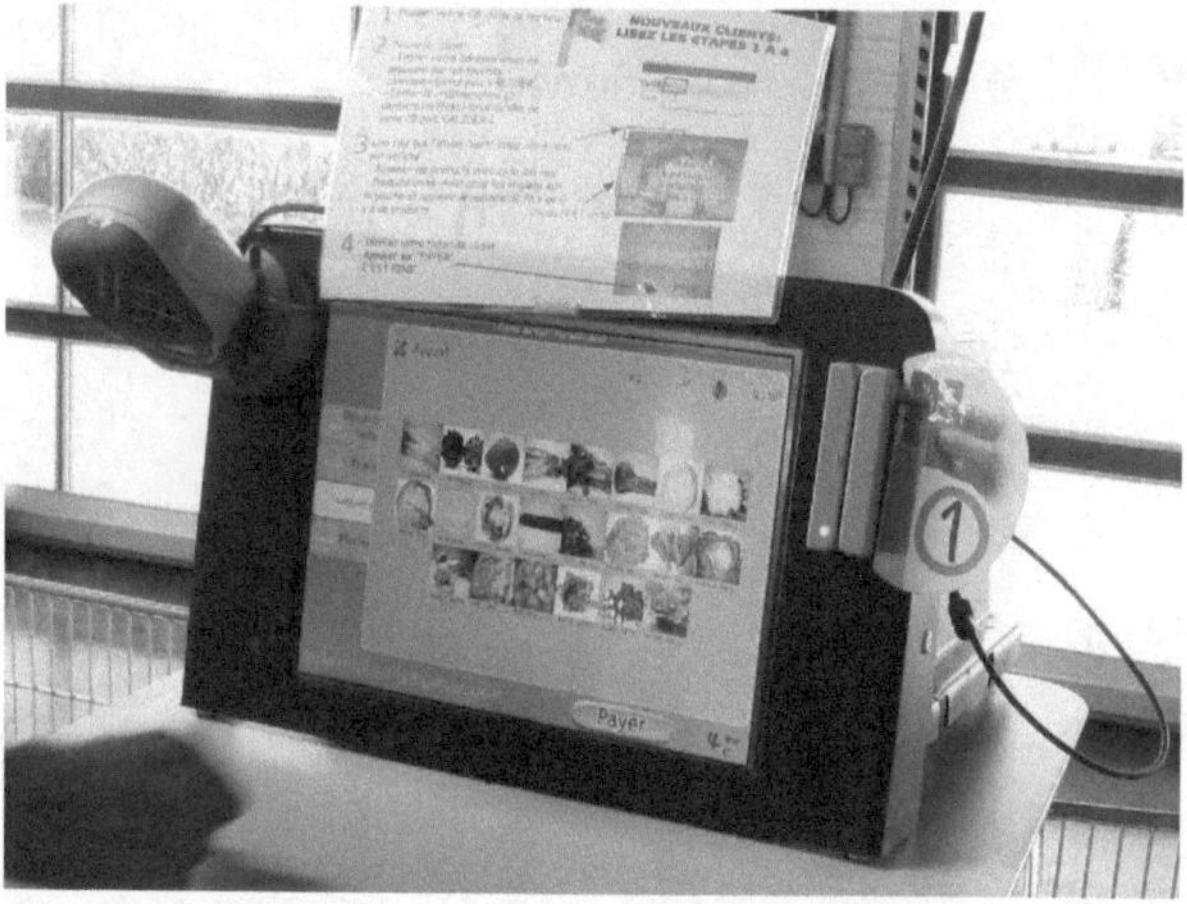
図1-3　リールのスーパーの手作りレジ端末

変える勇気

変える勇気の例をもうひとつ最後に挙げておこう。デジタルとやり方を変える勇気の掛け算の強力さを私が実感したのは、10年も前にフランス北部のリールという都市で見た新型スーパーでのことだ。新型といっても10年も前の話なので、最近流行りのお客が商品を手に取るのを大量のカメラからＡＩが自動認識するといった「新型店舗」ではない。それは、手作り感あふれる——というか、ジャンクパーツの寄せ集めという感じのコンピュータレジの端末だ。

このスーパーは15ヘクタールの農場を背後に抱え、花と野菜を作っている。とはいっても、この農場で取れた農産物は売っている物の5～10パーセントで、品揃えは郊外型食品スーパー並みに豊富。とうもろこし畑の迷路や朝市といった都市住人に来てもらうためのイベントも開かれ、リールという二百万人都市に囲まれた農場テーマパーク的な色彩も持つ。

それが初年度より黒字が続くという大成功を収めた。その秘訣《ひけつ》は従業員20人という徹底した省力化にある。中でも省力化に貢献しているのがお客に入力を任せるレジだ。お客を信じ店の運営に参加してもらうことを基本コンセプトにしている。もちろんその協力の分、商品価格に反映されて割安になりお客も集まるわけだ。日本の田舎の道端に出ている無人直売所の拡大版といったところか。

展示台の中に「傷モノ」のカゴを設け、お客が問題のある商品を見つけたら取り分けてもらう。商品の選別やチェックもお客任せ。計量の必要なものは要所にそなえた自動計量器で料金バーコードラベルを印刷し、それを貼ってもらう。日本の常識では、これらの作業の多くはお店がやることだろう。

最も力を入れたのがセルフスキャンレジ。商品ラベルのバーコードで商品種はスキャンするが個数は客が入力する。消費期限ギリギリの割引シールのあるなしも客が入力。さらに、支払いはクレジットカードのみの完全キャッシュレスで、レシートはメールで送るのみで紙は出ない。日本にもセルフレジはあるが、ここまで割り切ったものはないだろう。

クレジットカードがない、メールアドレスがない、使いにくいといって他に行ってしまう客は開店以来の統計で1パーセントなので、今後も無視してもいいと思っているということをオーナーから聞いた。不正な入力は0・5パーセント。ごまかしだけでなく間違いもあるし、売れ残りやキズなど自然損失の方が多いのでこれも無視。最初にクレジットカードとメールアドレスを登録し個人特定されているのも、不正に対する抑止力になっているだろうが、何よりここまで客を信用すると、客は褒められた気になって裏切らないという。

図1-4　リールのスーパーの自動計量器

その結果、端末がどうなるか——ここが一番驚かされたのだが、完全自作である。中古のパソコンとカードリーダーとバーコードリーダーとタッチパネルで作った端末で、筐体《きょうたい》は廃物利用。1台数万円でできたという。いわば日本の田舎の手作り無人直売所が、情報技術で武装して新しいビジネスモデルとして復活したようなものだ。

セルフレジは日本でも郊外店などで導入され始めているが、入力不整合（ミス・不正）を防ぐため2つの精密天秤《てんびん》で台を作り、店内用カゴから持ち出し用のカゴへ商品を移動したときの重量差とスキャン結果を突き合わせるなど複雑な機構で、現金自動識別装置なども含み、非常に高価格で巨大なものになっている。

日本でもいまだに田舎に無人直売所があるのだから、日本のお客がフランスよりミスや不正が多いとも思えない。問題はむしろ、店も客も完全性を目指す国民性にあるようだ。何よりも、やり方を変えたくないという強い社会的慣性力がある。

情報が本質の処理については、やりたいことはどれも既存技術の組み合わせだけで——それこそ、フランスのスーパーの社員が自作できるところまで、現代の情報処理技術は進んでいる。10年前でもできたが今ならもっと簡単だ。そのときにコストを決めるのは、実は技術ではなくて、やり方を変える「勇気」だ。

この食品スーパーは実は単なる農家の副業ではない。地元から世界に広がった大手スポーツ用品量販店チェーンの創業者の御曹司が独立第一歩として始めたビジネスだ。だから、随所に新しい工夫がある。そして、このモデルで全国展開を目指している。とはいえ、そのイノベーションは決してどこかの大手ビジネスコンサルに任せたようなものでなく、手作り感にあふれている。父親の会社もそういう等身大の工夫から世界企業になったという。

イノベーションに大事なのは、技術力でもマーケティング力でもない。やり方を変える「勇気」だ。そして、現代の情報通信技術がもたらしたのは、そういう勇気を助ける「自由」なのである。

第2章　DXへの道のり

イノベーションを生み出す土台

ＤＸが従来の「デジタル化」と異なり「いま」可能になった背景には、ここ十数年ほどの情報通信技術による環境の大きな変化がある。１９８９年のインターネットの民間開放は見えないところで世界を変えてきたが、それが積み重なって大きな変化となったのが、ちょうど２０００年代後半頃だろう。ｉＰｈｏｎｅが発売されたのが２００７年であり、モバイル・コンピューティングが変革の大きな力になったのは確かだ。

しかし、最も大きな変革はやはり「オープン」という考え方、やり方だ。インターネットが、通信に関するコスト――単に通信料金だけでなく、そのための機器の導入、事前の準備、接続の手間、通信で費やす時間などを含めたコストすべて――を大きく減少させた。１９７３年に国際ダイヤル通話が可能になったが、それ以前は海外との通話はオペレータを通してだった。ダイヤル通話が可能になっても、例えば米国相手でも最初の３分だけで３０００円以上のお金がかかった。それが今や、インターネットさえ使えれば、国内・国外問わず基本無料で通話できる。それだけでなく、以前なら文字でテレックス、図形でＦＡＸという具合にいろいろな機器が必要だったのが、モバイル端末だけですべてが可能になっている。このような通信コストの劇的削減を可能にしたのが「オープン」、そしてそのコストの劇的削減により可能になったのもまた「オープン」なのである。

インターネット以前にも電子メールを導入している会社はあったが、当時は同一の会社の人としか繋《つな》がれなかった。インターネット以前にもVANという、会社間で繋がるネットワークはあったが、それは繋ぐ会社を限定して、銀行間決済など特定の目的に限定したものだった。

インターネットはTCP／IPというプロトコル（通信手順）に従うなら、誰でも参加できる。相手のアドレスさえ知っていれば、会社も業界も国すら越えて繋がれる。利用目的も電子メールからビデオ・オン・デマンド、税金申告と何にでも使える。「誰でも・何にでも」使える――まさしくオープンなネットワークだったからこそ、インターネットは社会を変えたのだ。

これは道路交通網に似ている。どんなに重要で崇高な目的であっても――例えば「人の命を救う」ためだったとしても、道路交通網が救急車しか通せなかったら、社会を変えることはできない。そもそも社会的にコスト負担が不可能だ。たとえ、他の車――例えば遊行目的の観光バスでも――による渋滞が、緊急時の救急車にとっての障害となるとしても、「誰でも・何にでも」使えるというオープン性により、道路交通網を造るコストが社会に容認される。そして、それによって初めて道路交通網を利用するドアツードアの救急搬送網が実現でき、さらにそれが多くのビジネスや物流、遊行などのイノベーションを生む土台となった。まさに、道路交通網というオープンなインフラの実現により社会が変わったのだ。

強みは母数の多さ

インターネットが情報の複製・配布のコストを果てしなく下げた結果、コンテンツそのものので対価を求められる世界はどんどん狭くなった。コンテンツをタダで配布することは一見損をするようだが、副作用的な効果で回り回ってどこかで利益を得るというのがネット時代のやり方だ。例えば、有名なグーグル（Ｇｏｏｇｌｅ）の検索サービスを皆タダで使っているが、これは当然大量のコンピュータリソースと電力と多くの人々の労働によるものであり、それなりのコストがかかっている。それを可能にしているのは、グーグルの広告モデルというビジネスモデルだ。検索結果のリストの先頭に広告を表示することでスポンサーからの広告費を得て、全体のシステムを維持している。

このようなことが可能になるのは、インターネットが、まさに「誰でも・何にでも」オープンなネットワークだからだ。「誰でも」使えるから、利用者の母数が巨大——対象は世界

――になり、１件あたりはほんのささいな広告料でも「チリも積もれば」で、巨大な企業を支える金額になる。さらに「何にでも」使えるから、自分のサイトに誘導しようとする多くのビジネスで広告費用を払う。それらの広告によって有料の商品・サービスが販売され、その売上から広告費が出て皆が使う検索サービスが維持されているという意味では、極端に言うと、これは公共サービスを消費税でまかなっているようなものだ。

放送では、以前から民放テレビのように広告モデルでコンテンツをタダで配るビジネスモデルが機能している。これもまたテレビ受像機を持っている「誰でも」番組を見られるというオープン性によるものだ。しかし、放送の場合「誰でも受信できる」が、「誰でも送信できる」オープン性はない。また、その内容も放送法に決められており「何にでも使える」わけではない。そのため、テレビというビジネスは、広告代理店から、タレント事務所、制作会社、テレビ局までのそれなりに強固なエコシステムを持つものの、それ以上の広がりを持つこともなく、他のイノベーションを生む土台としては貧弱なものになってしまった。

これに対して、インターネットは「誰でも」が送信でき、受信でき、「何にでも」使うことができる。「誰でも・何にでも」使えるから皆が使い、皆が使うからローコスト――果てしなくフリーに近くなり、さらに多くの人が使うという好循環が生まれた。これこそが「オープンの力」の源泉なのだ。

高校生による画期的発見も可能に

高等教育でも、大学が授業料を取らないネット教育に力を入れ始めている。MITとハーバードが共同設立したedX（エデックス）で学んで優秀な成績を収め、MIT本校へ学費免除で留学できることになったモンゴルの高校生が一時話題になったが、彼が受けた授業には全世界で15万人の受講者がいたという。学費という意味では確かにMITは損をした。しかし、結果的に世界を母数とする15万人の若者の中から、最上級の才能を見出《みいだ》しMITに確保できた。それが結果としてMITを世界最高の大学とする力になり、企業との共同研究でも有利になった。

これは大学レベルの利害得失だが、さらに広く国のレベルで考えても同じである。米国で論文のオープンアクセス化を進めているのも、それが結果として新たな進歩を生み、国力を上げることに繋がるからだ。

インターネットにより科学技術の研究開発のやり方も大きく変わっている。理系ではすでに研究論文誌の多くで紙が駆逐され、かつては大学などの図書館に行かなければ読むことができなかったものが、今はネットから一瞬で入手できる。

とはいえ、古いビジネスモデルも残っていて無料というわけにもいかず、ネットで印刷代も輸送代もかからなくなったとはいえ、学会という組織での編集・査読体制の維持費は必要で、1論文をダウンロードするには数十ドルかかるような状態が長く続いていた。

それが、2010年代に入って「オープンアクセス」、つまりフリー（無料）で読める論文が増え出した。米国では出版から1年でオープンアクセス化される決まりだ。EUでも、税金で行われた研究の論文は2020年からオープンアクセスが義務化されている。

その成果はすでに出始めている。米国の高校生がわずか15歳ですい臓がんを早期発見する画期的検査方法を開発したという。その高校生ジャック・アンドレイカは13歳のとき、親しい知人がすい臓がんで亡くなったことをきっかけに、ネットを使ってもっと良い検査方法はないか研究を始めたという。13歳といえば日本なら中学1年生だ。

オープンアクセス化された論文からヒントを見つけ、オープン化されたデータを元に絞り込み、初期のすい臓がんでも患者の血中に大量に見つかるタンパク質に目星を付ける。以来これをどうやって安価かつ確実に検出するかで苦戦するが、高校の生物の抗体の授業中、こっそり読んでいた科学雑誌のカーボンナノチューブについての記事から、抗体と組み合わせれば電気的にタンパク量を読み出せるとひらめく。問題は、ナノチューブがひどく脆《もろ》いことだ。そこでこれを紙にしみ込ませて検査紙にすれば良いと考えた。

しかしここまで来ると、ナノチューブも高価だし、ちゃんとした実験設備もいる。そこでネットで探した多数の大学や研究所のすい臓がんの研究者に研究計画書を送る。199人から断られて、ただひとり、医学研究で有名なジョンズホプキンス大学の研究者が興味を持ってくれた。厳しい口頭試問の末、研究室を使わせてもらうことになり7ヶ月。はじめに考えていた方法は不完全だったが、だんだん修正してついにできたのが、費用が3セント、判定時間5分の検査紙だ。これまでと比べて、早さは168倍、費用は2万6000分の1、検出感度は400倍だ。これにより生存率5・5パーセントがほぼ100パーセントになるかもしれないと言われている。

彼自身の才能や家庭環境もあったとは言え、ネットで豊富な研究情報にアクセスできなければ、この成果は生まれなかっただろう。この検査で、今後救われる命もあるだろう。これがインターネットが可能にしたオープンの力なのだ。

5Gは1Gの200万倍

近年よく話題になる「5G」は、携帯電話の通信技術の「第5世代（5th Generation）」という意味だ。1979年を1Gのスタートとすると、14年後に2G、そこから8年後に3G、さらに9年後に4G、そしてそのまた10年後の2020年に5Gスタートということで、ほぼ10年ぐらいで次世代になっている。では世代が上がるごとにどうなるかというと、最大データ通信速度でみて、1Gで1秒間におよそ1万ビット送れる9・6kbps、2Gでおよそ7倍の64kbps、3Gになると一気に225倍の14・4Mbps、4Gで70倍の1Gbps、そして今度の5Gで20倍の20Gbpsと言われている。さらに5Gについては、そのまま年々性能が上げられるので、早晩それ以上も可能と言われている。10年ごとに「〜倍」という増え方は、グラフに描けばわかるが、急カーブで右上がりになる、まさに加速度的な増加だ。1Gからの最初の10年は性能が10倍にしかならなかったのに、40年で性能が200万倍というからその加速具合が凄《すさ》まじい。

テキスト、音声、画像、動画、リアルタイム3Dという具合に、リッチなメディアになるほどデータ量も幾何級数的に増加するが、今のところ通信速度の伸びがそれを凌駕《りょうが》している。その結果、文字通り誰でも、毎日スマートフォンで動画を見たり、わからないことを調べたり、友達との連絡に使える時代になっている。

1980年代後半から1990年代——インターネットが開放される前の「パソコン通信」の時代は、家でパソコンを使う人は趣味の人だった。通信も電話線の音声モデム（アナログ電話回線によりデータ通信等を行う際の制御装置）経由でパソコン通信サービスに繋ぎ、共通の趣味や話題が集まる掲示板を使い、テキストでやりとりをしていた。接続中は電話を繋ぎっぱなしで、その時間分のお金を取られた。そこで、通信料金が割引になる深夜に接続するとか、皆が苦労していた時代だ。それが1989年にはインターネットが民間開放され、90年代の半ば頃からは一般個人からの接続環境が整備され始めた。そこから25年で、誰もが接続時間も気にせず、気軽にスマートフォンで動画を送るようになった。

インターネットがそのオープン効果により科学技術の研究開発を加速するということは、これと同じ効果が当然ながらインターネット自身にも及ぶということだ。5Gもその一例であるようにインターネットが通信技術の研究開発を加速し、その通信技術がインターネットを加速し、それがまた技術開発を加速するという具合に、この分野では加速度的な進歩が実現されている。

一般の人の個人的な利用という巨大な需要があるからこそ、大きなお金が通信インフラに注ぎ込まれ、それにより高度化かつ低価格化した通信基盤を実現させ、昔なら航空郵便を使

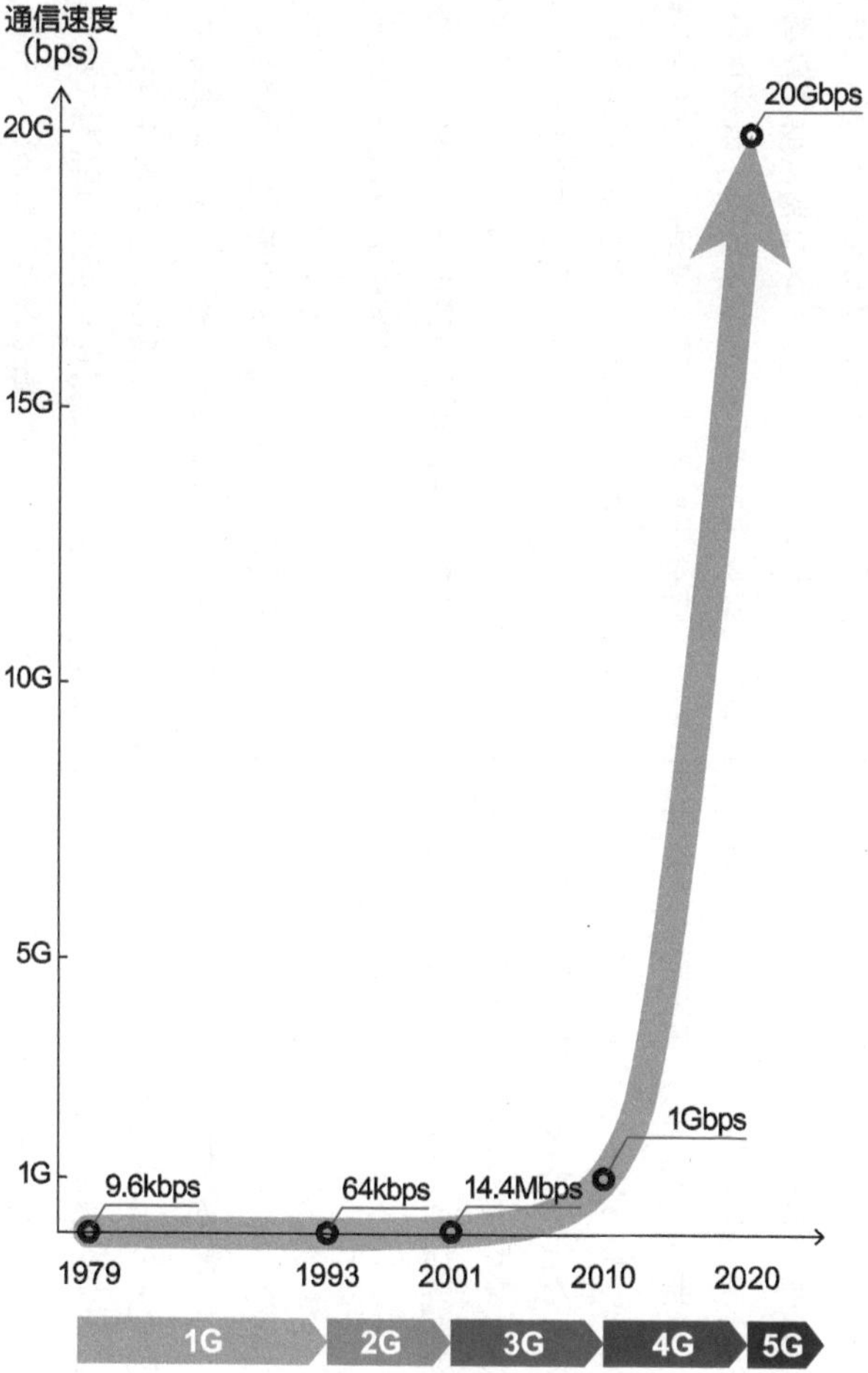

図2-1　モバイル通信の急激な進化

ったような大量の文書や設計図も一瞬で送れるようになった。地球の裏側の開発者とも気軽にテレビ通話で問題点を検討できる。大学図書館で1日がかりだったような資料探しも一瞬だ。試作機の部品の発注をネットで行い、ネットで組み立て業者を探し、ネットで契約し、3Dの設計データをネットで送れば、翌週には3Dプリンタで作った試作機が届く——そういう研究開発環境があれば、研究開発が加速するのは当然だろう。

イノベーションのメカニズム

「オープン」による研究開発の加速については、単に通信が高速化したことで研究開発プロセスがスピードアップしたという効果だけでなく、それが全体としての「チャレンジの回数を多くすることができる」環境整備——「イノベーションが起きやすい環境」となっていることが重要だ。そういう環境で生まれるのが、まさに「オープンイノベーション」だ。

先進諸国では成熟に伴って成長の余地はどんどん狭まり、高度成長どころか成長を止めないことが精一杯で、今さらGDPが2倍、3倍になることはありえない状況だ。そのため経済的な利益に繋がる「差」を生む行為——すなわち「イノベーション」に期待が集まる。しかし、イノベーションは1000回のチャレンジで数回の成功しかしないようなものであり、イノベーションを政府が直接起こそうと従来型の大型プロジェクト化するような産業政策は、税金の利用方法としては成功率が低すぎて期待値があまりに低い。

だから政府としてできるのは、イノベーションが起きやすい環境の整備に注力すること——このような考え方が、日本では最近やっと認められるようになってきたが、米国では早くから知られていた。各界のリーダー数百人が集まったNational Innovation Initiative（NI）が2004年に発表した「Innovate America」という報告書（代表のIBMのCEOの名をとって通称「パルミサーノ・レポート」で有名）でその考え方がまとまり、その後の米国の政策はそれに沿ったものになっている。このようなイノベーションの環境整備に対する考え方の違いが、2004年から2020年と長きにわたってあったことが、今となっては大きく引き離された日米の差に繋がったのではないだろうか。

図2-2 『Innovate America』の表紙
下記URLより全文が読める
https://www.yumpu.com/en/document/read/51029399/innovate-america-task-force-on-american-innovation

技術的チャレンジは、まったくのゼロからは不可能であり、次のチャレンジは、常に先行する技術上で様々な可能性を試すことで行われる。そのとき、人材と資金を豊富に持つ大企業が達成した技術成果をクローズにしたら、可能性の追求はその企業内——さらにはその関連部署といった狭い範囲の中でしか行えなくなる。そうなればチャレンジの回数は減り、クレイトン・クリステンセンの『イノベーションのジレンマ』が指摘するように、内容的にも自社の現行ビジネスを毀損《きそん》しない、責任問題にならない、ような消極的なものになる。それがまさに日本企業がここ20年でたどった道だ。

AIの爆発的進歩

オープンにすることによって最も大きな成果を生んだのが、近年のAIの進歩であろう。ニューラルネットワークとは、今実用になっているコンピュータとはまったく原理を異にする人間の神経細胞（ニューロンと言われる）網からヒントを得た数式モデルだ。これをベースに機械学習などを行おうというものだが、1958年頃のパーセプトロンの研究がそのルーツと言われているように、かなり前から研究はあった。しかしモデルはできても、必要とされる半導体を始めとする実現の方法がなかったため、2012年のブレークスルーまで長く理論的な研究の域にとどまっていた。

もちろんブレークさせたのは最近の半導体の力、マイクロエレクトロニクスの驚異的な進歩による。でも驚くのは、ニューラルネットワークが現実的に役に立つということが多くの人に知られるようになってからほんの5年程度で、ＡＩが多くの現場で実用的な応用で使える時代になったことだ。その急激な進歩に一番大きな貢献をしたのが、グーグルだ。

グーグルは「グーグルのミッションはＡＩの民主化」と明言し、クラウドで使える様々なＡＩ機能のソースプログラムや、その機能をネット経由で簡単に試せるＡＰＩをどんどん公開していった。ＡＰＩとはApplication Programming Interfaceの略で、簡単にいうとApplication（応用プログラム）の一部、または全部を他の人が使えるようにするための方法である。これを公開してもらえると、自分のプログラムに、他人の作ったシステムの機能を取りこむことができるようになる。

例えばいま世の中に、スマートフォンで見られるグルメサイトがたくさんあるが、そのお店に行く地図は、多くの場合Google Mapsが使われている。つまりグルメサイトを作っている人は地図の部分は作っておらず、グーグルの地図システムを使わせてもらっている。グルメサイトを作っているプログラムからGoogle Mapsを使わせてもらうときの呼び出し手順がＡＰＩなのだ。

グーグルはＡＩに関連するシステムのＡＰＩを積極的にオープンにしただけでなく、そのプログラムコードまで「オープンソース」として公開した。そしてＡＩ研究でトップを走るグーグルが積極的に研究成果をオープンした以上、他の会社はこれに追従しなければクラウドビジネスの利用率にも影響すると考えるようになり、マイクロソフトやアマゾンなども自社のＡＩをオープン化する――というか、せざるをえない状況になった。

このようなオープン化の流れが、ＡＩの研究成果を誰でもが簡単に使える時代にした。今やＡＩ関係の機能は、本当に誰でもいつでも試せるものになり、ＡＩ研究の最前線では、オープンイノベーションで新技術がどんどん生まれている。できなかったことが日々可能になり、ニューラルネットワークの応用分野も、画像認識以外にも――というのはこの研究がブレークしたのは画像認識への応用からだったのであるが――音声処理、自然言語処理へと適用できる分野はどんどん広がってきた。

「ＡＩの民主化」でグーグルは単に情報開示しただけでなく、そのＡＩを実行するクラウド環境もまた低価格――研究目的なら事実上無償で提供した。ディープラーニングでは学習がすんだ後のＡＩの判断プロセスは、スマートフォン程度の比較的小さな計算資源でも実行可能だが、大量の学習データを与えての学習過程では大量の計算資源を必要とする。グーグルはその工程を、専用プロセッサをも備えたクラウド環境で展開可能にし、それこそ学生が自室のパソコンからでもターンキーで利用できるようにした――それは、まさに「ＡＩの民主化」だった。学生から研究者、個人からベンチャーまでＡＩ利用を容易にし、その結果として爆発的な数のチャレンジが日々行われ、その成果は論文誌掲載といった時間がかかるプロセスなしにNeurIPS（Neural Information Processing Systems）やＩＣＭＬ（International Conference on Machine Learning）等の最新のＡＩのトップカンファレンスのサイトに上げられ、多くの人が即時にダウンロードして試し、コミュニティ内で多くのアイデアがオープンに討議され、人と人、アイデアとアイデアの新たな出会いがあり、それが新しいインスピレーションを生み、さらにそれがイノベーションを生む――というようにして幾何級数的にチャレンジを加速したのである。そしてこの流れは今も続いている。初期のオープンソースの流れを１・０というなら、全体がオープンのエコシステムとなりインターネットを基盤とした連鎖反応により進歩している現状は、まさにオープンソース２・０といってもいいくらいの速度だ。

オープンで進化が加速する

ところで、プログラム言語は大きく分けると、人間が読みやすい高級言語といわれるものと、機械がわかる（コンピュータの構造をそのまま反映していて、簡単に読み替えて実行できる）機械語がある。一般には、高級言語を一括して機械語に翻訳してからコンピュータで実行するコンパイラ方式や、1行ずつ解釈して逐次実行するインタープリタ方式で高級言語で書かれたプログラムを実行している。

高級言語は人間にとって書きやすく読みやすいが、機械が内容から「意図」を汲《く》み取って実際の計算回路の動きを決めるような形に解釈するのには手間がかかり、実行効率が悪い。一方、機械語はそのまま計算回路への動きの指示になっているが、逆に「意図」が見えにくい。プログラムが巨大になると、人間にとっては書くことも理解することもできない、まったくの意味不明な数字列になってしまうからだ。

人間が高級言語で最初に書いたプログラムを「ソースプログラム」、それを翻訳して機械語にしたものを「オブジェクトプログラム」というが、市販のソフトウェア商品のプログラムは一般的に、競争相手に内部構造をわかりにくくするためオブジェクトプログラムのかたちのみで配布される。それに対し、ＡＩの進化に貢献したような、ソースプログラムで配布する「オープンソース」は、皆で内部構造を見てそれをより良い物にしたり、自分のアイデアで改造したり、他の分野に応用することもできる。

　このように価値のあるプログラムの内部を自分だけの秘密にせずに他人にオープンにすることは、一見ものすごく損をするようにも見えるだろう。ビジネスモデル的にはライバルに真似させず自分だけで独占するという考え方が、長い間主流だったからだ。しかし、少なくとも互いが研究開発者であり、互いにユーザでもありプログラマでもあるコミュニティの中ならば、自分が必要として開発したプログラムのソースを見て誰かが改善改良してくれれば――そしてその結果がまた公開されれば、回り回って自分のためにもなる。何しろ自分のために必要で作ったプログラムが、より良くなって戻ってくるのだ。まさにことわざ通りの「情けは他人《ひと》のためならず」というわけだ。

　それが可能なのは、まさにインターネットの進歩と普及によるものだ。物理的な製品などでは、製造も輸送もコストがかかるので、いくら「情けは他人《ひと》のためならず」といってもタダで配るには限界がある。それに対して、プログラムは最先端ＡＩのようにものすごい価値のあるものであっても、基本は電子データである。インターネットの出現によって、世界中が相手でも、そのコピーと配布にかかるコストは限りなくゼロに近い。

こうしたループは、うまく回ると衆知が集まり改善改良が行われることで、元のものが急速に進化することがわかっている。その典型的な例が、インターネットの最盛期である現在のＡＩの爆発的発達なのだ。１９５８年頃に発表された「パーセプトロン」のアイデアが生まれて以来長い間鳴かず飛ばずだったニューラルネットワーク型ＡＩは、２００６年のディープニューラルネットワークとディープラーニング技術の誕生を受け、２０１２年に画像認識における飛躍的認識精度向上としてブレークスルーを成し遂げる。そして、その後は多くの人が参加するオープンイノベーションにより、新技術がさらに研究開発され、できなかったことが日々可能になり、応用分野も画像認識から音声処理、自然言語処理、翻訳などにまで広がり、今まで困難だった多くの問題の解決にＡＩが利用されるようになっている。

インターネット以前の時代にも、オープンイノベーションはなかったわけではない。学会、学術団体の仕組みだ。学会に発表される論文は、まさにやり方が書いてあるもので、査読と論文誌配布のシステム、つまり紙と印刷による情報伝達で、それを支えてきた。

しかし、インターネットによる情報伝達のスピードアップは、これらの枠組みを過去のものにし始めている。例えばコンピュータ科学の研究の最先端の中心は、先にも述べたように今や「学会」ではない。

ネットの中でコンピュータの研究開発グループを助けるために、プログラムを蓄積し、日々のバージョン管理を行うサイトとして有名なＧｉｔＨｕｂ（ギットハブと呼ばれる）には、今や情報が設計図レベルで公開されているオープンソースが１億以上登録されており、自分のソースコードを掲載して皆に見てもらうようなプラットホームとして、コンピュータを研究開発する人の多くが参加している。そうしたコミュニティに、日々新しい成果がオープンソースとして公開される。実行環境もクラウド上で簡単に手に入るので、どんな大規模プログラムでも、誰でも見て、即実行・検証・改良できるのだ。

まさにオープンイノベーションだ。成果が成果を生み加速度的に進化している。学会の論文などは完全に後追いだ。多くの人が即実行・検証できるということは、質の低いものが話題になっても即排除されるということであり、時間がかかる権威による「査読」等の古典的内容保証メカニズムが必要ない分、進化が加速するのだ。学会にもよるが、論文を投稿してから学会誌掲載まで何ヶ月もかかるような学会は、最先端ではないという意識がコンピュータ関係では生まれている。

プログラムを書く人たちの集まりであるＧｉｔＨｕｂ以外にも、データの分析を行うデータサイエンティストと呼ばれる人たちによる、似たようなネットの中の集まりというか仕組みもある。データ分析で自分のプログラムの性能をコンペ形式で競うＫａｇｇｌｅ（カグル）というプラットホームだ。共通の大量のデータセット――ビッグデータを、腕に覚えのあるプログラマが解析し分析したりして、ある決められた基準により成績を競いあう。コンペの成績で「グランドマスター」や「マスター」といった称号を得た優秀なプログラマは引く手あまたになることから、「ＡＩ道場」などと言われるくらいだ。

やはり、「オープンは正しい」。もしＡＩが、閉じられたクローズドな世界だけで研究されていたとしたら、このような劇的な進展はなかっただろう。オープンにして皆で協力して研究を進め、コンペを行うことによって爆発的イノベーションが始まった。そして、このオープンイノベーションのエコシステムは、現在もＡＩを進化させているのである。

第3章　オープンデータとは何か

オープンデータは国民の財産

1980年代にはすでに始まっていたオープンソースに比べ、「オープンデータ」の歴史は短い。米国では、2009年にオバマ大統領が就任したときに「透明性とオープンガバメント」と題するメモランダム（覚書）を発表し、オープンデータ政策を唱えた。これは簡単にいうと、政府が持っているデータは国民の財産であるとして、これをオープンにし、つまり公開して誰もが使えるようにするとしたのだ。

このために作られた、米国政府の行政データを公開する公式サイトData.govは、公開当初はわずか47件のデータセットだったが、10年で5千倍ほどに拡大している。内容としては、税金の使いみちといった政府の中心的データから、外郭組織が持つデータまでと幅広い。

とはいえ、その利用となると、政府が直接サービスを企画し自ら作るのには、責任問題もあり大胆なチャレンジはしにくい。そもそも政府がデータを抱えていたら政府の企画した分しかサービスは生まれない。それより、民間が持てないデータ資源さえ提供すれば、あとは民間のリスクで様々なチャレンジが行われれば、いくつかは成功する。多数のチャレンジが起こる。そのようなオープンイノベーションの考え方により、経済を活性化させるのがオープンガバメントなのだ。

図3-1　Data.govのホームページ（出典：https://www.data.gov/）

例えば、Data.gov にある交通統計局、連邦航空局、海洋大気庁、国立気象局のデータを統合し統計処理をして、出発空港と到着空港を指定すると、遅延確率や平均遅延時間を返すサービスサイトが生まれる。セキュリティチェックの待ち時間をユーザから投稿してもらい、平均待ち時間を知るサービスもある。さらにこれらのサービスがAPIを公開しており、そこから計算した遅延予想などのアウトプットを使った遅延によるビジネス損害をカバーするマイクロ保険――必要なとき必要な時間にだけ保険をかけるサービスも生まれている。

政府がすでにあるデータを公開する「だけ」で、連鎖反応的に新サービスが生まれる。逆に言うと、政府のデータがなければ、どんなに優秀な技術者でも新サービスを生むことはできない。オープンデータによるオープンイノベーションが、いかに「乗数効果」が高いかわかる。

さらに、皆がカメラやGPSや各種センサーがてんこ盛りのスマートフォンを1人1台持って町中を歩いている現代なら、場所や天候などの様々な状況に応じたサービスを効率よく行うための市民参加も、アプリを介して容易にできる。

例えば、ワシントンなどでは「ゴミ箱が一杯になった」、「信号機が壊れた」といったことを、気軽に市に知らせるための Open311 API が公開され、それを利用したアプリがいろいろと作られている（ちなみに311は音声電話のみの時代から米国にある、行政に問題を知らせる特殊番号）。

さらに、そこで集まった市民からの問題指摘がオープンデータとして公開され、それがまたビジネスの種として利用される。公物の破損情報に基づいて業者が点検し、逆オークションで工事を提案する。それを行政の担当者が見て、工事の必要性を認めたら、各社から上がっている見積りなどの情報をもとに、即座に発注する。工事が完了すれば、その結果は携帯端末からの写真で確認して支払う。もちろんいい加減な仕事をしてインチキの終了報告だけしてお金を取るような業者もいるかもしれないが、すぐに住民の結果評価もオープンされて、不良業者として知れ渡れば仕事が来なくなり淘汰《とうた》される――というような未来が作れるのも「オープン」の力だ。

これらのインターネットのオープン性――特にオープンデータを利用した「行政のDX」の動きはGov2・0とも呼ばれ、米国ではその分野のビジネスショーが毎年開かれるほど盛んになっている。そして、米国に続くようにして欧州でも活動が活発になり、世界的にオープンデータの重要性が認識されるようになった。2013年のG8ではオープンデータ憲章がコミュニケ（声明書）として出され、それを受けた我が国でも、少し出遅れの感もあったが、Data.go.jp が正式に活動を始めている。コミュニケとなった以上、ただ宣言を出したのとは違い、どうなったかを毎年確認する作業が行われるので、何もしないわけにはいかない。

さらにAI技術の実用化に伴い、今まで以上にオープンデータの意味が大きくなっている。AIは学習時に「ある状況において、こういう判断が正しかった」というような大量のデータを学習用データとして必要とする。この「ある状況」としてオープンデータが使えれば――例えばその日の天候や交通量が関係しそうな社会規模の判断をするAIの教育の大きな助けとなる。「AIはデータハングリー」という言葉があるように、データはいくらあってもいいし、あればあるほど判断の精度を上げられる。その意味で、多くのデータがオープンになっていることは、まさにＡＩを使ったイノベーションのチャレンジを増やすための環境整備でもあるのだ。

日本の課題は「閉鎖性」

税金を使って集められ・生成された公共機関のデータは国民の財産である。そしてＡＩとビッグデータ解析の時代において、データは物質的な資源と違い、他者に分け与えても元が減ることはない。そうした「使い減りのしない国民の財産」なら、経済成長に資するべく、皆が使えるようにオープン化するべきだ――そのような意識が、日本でも最近やっと国家レベルで理解されるようになってきた。

また、前述したようにＧ８でのオープンデータ憲章に、毎回のＧ８で各国の進展度合いを数値で報告するという条項が盛り込まれたこともあり、「世界に遅れないように」との大号令で、日本における政府レベルでのオープンデータ化は、先に触れたData.go.jpを筆頭に――まだ多くのデータがＰＤＦで、機械可読のものが割合的に少ないといった定性的な問題はあるもの――定量的には大きく増えている。

図3-2　VLEDのホームページ（出典：http://www.vled.or.jp/）

問題があるのは地方だ。このような「オープンデータ」の意義の理解が浸透していないことと、技術的に対応できる人材の数の問題もあり、特に市区町村レベルではオープンデータ化は進んでいない。それに対し日本政府は「世界最先端ＩＴ国家創造宣言・官民データ活用推進基本計画」（２０１７年５月30日閣議決定）以来、平成32年度（２０２０年度）までに地方公共団体のオープンデータ取組率１００パーセントを目標として推進し、都道府県レベルではまがりなりにも、２０１８年３月に１００パーセントを達成している。それに対し、同じ年の後半でも市区町村を含めた取組率は約20パーセントにとどまっている。

そこでこの問題を解決するため、「一般社団法人オープン＆ビッグデータ活用・地方創生推進機構（ＶＬＥＤ：Vitalizing Local Economy Organization by Open Data & Big Data）」が設立され、ガイドラインの作成や、地域のリーダーの研修などの対応を行っている。ちなみに理事長は私が務めている。

そこで大きな問題だと実感するのが、やはり日本の組織的「閉鎖性」である。自分たちが「クローズでちゃんとやっているから」という意識が強く「チェックされたくない」という意識もあり、日本の組織はクローズ志向が強い。そのため、オープンにするときにも「誰でも使っていい」とか「何のために使ってもいい」といった本当の「オープン」でなく、あらかじめ打ち合わせた応用の範囲に限定されがちだ。

しかし、イノベーションはそもそも思いもかけないものが結びついて起こる「新結合」であり、事前の「すり合わせ」や、応用の想定などない方がいい。例えば、交通信号の状態を「ダイナミックマップ」として公開するという流れはあっても、あくまでその目的は「自動運転」のためにという意識が強い。しかし、交通信号の状態がネットでのＡＰＩでリアルタイムに読み出せれば、視覚障碍者の方に音声で信号の状態を知らせるようなスマートフォンのアプリの開発から、事故防止や物流最適化の研究まで、さらには考えつかないような応用も可能となる。

先に述べたように、ＡＩの研究や教育用には大量のデータが必要で、さらに社会の問題は何と何が関係しているかわからないから、とにかくデータをかき集めてやってみようといった力ずくのやり方も、コンピュータの性能が上がって可能になってきた。オープンデータはイノベーションを盛んにする、皆のための基盤であるという意識は、もっと広まってほしいと思う。

とにかく日本の行政オープンデータも、そろそろ「何のため」ではなく、とにかく「オープンこそ正義」といった真の「公開」の姿勢に向かってほしい。そのためには、国防とか外交とか公開できない特別の理由がない限り、税金を使ったデータは全て公開するというのを基本方針にし、その上で公開できないならその理由を説明するところまで、国の各機関に義務付けるべきだろう。

民間データのオープン化における課題

「使い減りのしない資源」としてデータを考えた場合、次に問題になるのが民間企業の持つデータと個人データであろう。多様性を許す自由主義・資本主義はイノベーションの土壌があり、全体主義・共産主義に比べ経済的に有利というのが定説だった。しかし、データ資源を国民の抵抗を受けずに素早く収集することに関しては、全体主義・共産主義の方が有利。西側諸国はうまくいかず、次のAI時代には中国が覇者になるのではという可能性まで指摘されている。

例えば日本の特殊事情としては、今まで公共交通を積極的に民営化してきたことが、公共交通のデータのオープン化で裏目に出ている。世界の多くの国が、公共交通をいまだ公共セクターとして残しており、例えば2012年のロンドン・オリンピックでは、ロンドン市交通局の決断だけで、地下鉄からバス、さらには貸し自転車まで、交通一般の情報をオープンデータ化できた。

日本の公共交通民営化は、ことオープンデータ化にとっては政府の決断だけで進まないジレンマを生んでいる。例えば、東京は公共交通について世界に冠たる複雑な都市である。東京だけで、鉄道14社局、乗合バス38社局、タクシー1100社（個人を除く）。それらの会社の中には、オープンにしようにもデータ自体がないというような小規模な会社まであるが、それができる大きな会社でも、基本的に運営主体は利益を追求する株式会社なので、簡単にはデータをオープンにしてくれない。何らかの枠組みで各社を束ね、積極的にオープンデー

図3-3　ODPTのホームページ（出典：https://www.odpt.org/）

タ化を進めないと、東京２０２０オリンピック・パラリンピックのときに、８年以上前のロンドンと同じレベルのオープンデータ化すらできないということになりかねない――という問題意識で２０１５年に、ＪＲ東日本から東京メトロ、東京都交通局など東京圏に乗り入れるほとんどすべての主要公共交通関係者により作られたのが、私が会長を務めるＯＤＰＴ（公共交通オープンデータ協議会）である。ＯＤＰＴでは２０１８年より参加各社のデータを使ったアプリの開発コンテストを継続的に行っており、東京２０２０オリンピック・パラリンピックに向けて「第４回東京公共交通オープンデータチャレンジ」のコンテストの枠組みで、暫定的に、チャレンジに参加する開発者に公共交通に関するデータを公開した。２０２０オリンピック・パラリンピックの延期を受けて、このコンテストは現在も継続されている。

さらにODPTでは、オリンピック・パラリンピックのための一過性で終わらせず、レガシーとして展開するためにオープンデータセンターを開設し、恒常的なオープンデータ提供を開始した。ただし、残念ながらオリンピック・パラリンピックのためという「期間限定」でないとデータのオープン化に対してためらう公共交通関係企業もあり、センターへの登録データセットはチャレンジに比べるとまだ少ないが、理解を得る努力を続けることで、順次増強されている。

流通のための市場の確立を

日本では「データは資源」ということが言われ、民間にビジネス資源という意識が高まってしまった。言い方は悪いかもしれないが、局所的にしかものを見ない経営者が出てきて、事業者がデータを囲い込み始める傾向がでてきたように思える。世界的にICTは「オープン」に向かっているのに、日本ではデータを囲い込むというのは、明らかな逆行だろう。「データは資源」という言葉は、データの「精製方法」次第で、宝にもゴミにもなるという意味でもある。例えば原油も精製しなければ、臭くて汚いだけのヘドロのようなものだ。しかも、原油が流出すれば環境に多大の被害を与えるように、生データも下手に流出すれば大問題になる。

ここで精製とは「データ・クレンジング」――データをきれいにする処理を意味する。例えば公開目的なら、個人を特定できる項目を消去し匿名化するなどだ。また、一般への公開目的でなく、日々の運用に伴い目的意識なく単に記録できるから溜《た》めてあるような生データは、項目が途中で増えたりなくなったり、分類方針がいつの間にか変わったりする。データの単位がいつの間にか変わったり、測定範囲が変わったり、コラムがずれたり――我々の言葉で言う「正規化」がなされていない「汚い」データは、そのままでは統計処理にもＡＩの学習にも使えないことが多い。

そこで、データをきれいにして、正規化する「データ・クレンジング」を行うのだが、大量のデータの場合は手作業で行うのは非現実的で、原油の「精製装置」のように、正規化のためのプログラムを作って処理する。このプログラムは、データの「汚れ」の性質に合わせて作る必要があり、それにはデータ自体に対する深い理解とプログラミング能力が必要となる。

そのため、システム開発業者に丸投げできず、現場では日々の業務に追われ余力がないということで、結果としてデータを使う能力のない事業者がデータを囲い込み、「汚い」ままで持ち腐れとなりつつある。

民間事業者が持つ腐れデータを、いかに「資源化」するか。民間データでは、税金で作られたデータでない以上、「無料」という意味の「オープン」を強制することはできない。しかし「クローズで持ち腐れ」――いわゆる「塩漬け」を回避し、社会に還流させて新たな経済成長に資するという意味での有料も含めた「オープン」は可能だ。

考えられるのは、市場経済原理で適切にデータを取引できるデータマーケットを確立することだろう。経営資源――アセットが「塩漬け」にならず、適切に流通することを促すのがアセットマネジメント」であり、その「流動性確保」のために必要なのが市場の確立だ。

一般的にアセットマネジメントとは、不動産などのアセット（資産）の「証券化」を行い、それにより不動産取引を証券市場メカニズムに持ち込むのを可能にすることに使われているが、これをデータの活性化にも使えないか、というのが私の考え方だ。

相対《あいたい》での個別取引のみの場合、データの取扱ライセンス規定やフォーマット調整などが複雑で、データ提供者も利用者も個別に契約していては、手間が幾何級数的にかかって非現実的となる。そのため市場化することにより、取引を「正規化」して流動性を確保するのだ。

データを市場にするなら、証券取引所や豊洲《とよす》の卸売市場のように非営利で中立的な組織の監督下で設備やルールを制定し、皆が安心して取引できるような環境整備が望ましい。無料のデータも有料データもワンストップで入手できるようにすれば、大手から中小、ベンチャーまで、ＡＩとデータを活《い》かした新ビジネスがどんどん始められるプラットホームとなる。オープンにすることでデータもできるだけ多くの人が「精製方法」を試しチャレンジできるようになる。その上で、オープンデータで得られた成果もまた、有償無償は問わないが、とにかくオープンにするべしといった制度設計にすれば、成果を社会に還元できる——そういう積極的な「オープン」のエコシステムを形成するべきなのだ。そしてこの考え方で作られたのがＯＤＰＴである。

個人データをいかに「資源化」するか

民間データの資源化よりさらにナイーブなのが、個人データの資源化であろう。この分野では残念ながら、日本の行政は失敗の連続である。経産省主導で制度化が進められたという「個人情報保護法」の本来の意図は、著作権法や特許法のように、それまでなかった個人データという概念を確立し、個人データの扱いをルール化することで、むしろ個人データの利用を促進しようとする意図だったと思われる。

しかしこれもアプローチを間違えたためか、逆に「個人情報は極力秘密にすべき」という新たな意識を広めるだけの結果になってしまった。日本では、個人情報保護法の成立以前は名前と住所の載った電話帳が各戸に配られていたのだから、これは明らかに行きすぎだ。「データは資源」の認識が「塩漬け」を生んだのと同じように、個人情報保護法は「個人情報はそんな大事なものだったのか」という意識を高め、その結果、活用できずにお蔵入りが進んでしまう。実際、東日本大震災のときに、個人情報保護法の垣根のため、要介護避難者の情報を自治体から救助組織に渡すことができず、多くの方が亡くなられた。

そういった問題指摘があり法改正が行われたが、適切に解決できておらず、いまだ医療の現場では転院後の治療や病状の記録が追えないなど、個人情報保護法による制約が問題になっている。

マイナンバーも、本来は紙書類で行う行政処理において個人の特定に使う「名前と住所の組み合わせ」と同じ個人特定のためのもので「名前＋住所＋α」程度の意味合いしかないものだ。しかも、マイナンバーを見ても名前も住所もわからないので「名前＋住所＋α」を書いてきたような書類なら、同じ気軽さで使ってもいいはずのものだった。

それが、２００２年の「住民票コード」で国が説明に失敗し「牛は10桁《けた》、人は11桁」といった感情的言説が広まり、セキュリティ問題や制度不備も相まって大きな反対運動が起こった。その結果、個人情報保護法の特定個人情報規定やマイナンバー法で厳重な管理が求められ、マイナンバーは「パスワード」のように、極力秘密にしまっておくものというイメージを多くの人に植え付けてしまった。

あのプライバシーにうるさい欧州でも、国民番号はコンピュータ導入の当初より使われており、「パスワード」の「ようなもの」と思っている人はいない。だから「マイナンバー制度対策金庫」とか、「マイナンバー取得・管理キット」とか、「マイナンバー収集代行」とか、関連ビジネスが盛り上がり、個人データの適切な活用ができない日本の現状は、今後のＡＩ＋ビッグデータの時代に大きな足かせとなるに違いない。

現行のマイナンバー関連法は、許されるサービスを列挙したポジティブリスト型の法律であるため、元の個人が許可しても利用不可能だ。これを法改正して、英米法的なスタイルの「やってはいけないこと」だけを列挙したネガティブリスト方式にするのが理想だ。違法利用の定義と罰則を規定し、法益のバランスは裁判で加味する刑法型の法体系なら、それも可能のはずだ。

プライバシーとパブリックの哲学

そして、これら制度設計以前の問題として何より重要なのは、「データは隠すものでなく、社会のために積極的に使うもの」として皆の認識を変えていくことだ。

ヘルスデータがクラウドに蓄積される時代、救急のために時間に余裕のない状況で、医療関係者ならプライベートデータにアクセスできるようにするといった制度を作るには、「ただ守れ」というだけでない「プライバシー」と「パブリック（公共）」のバランスの哲学が重要になる。今、最も伸びる分野として期待されている「ヘルスケア」も、個人情報保護法のために病院現場が萎縮《いしゅく》し、日本では展望が開けない状況になっている。

オープンデータを使った新しい社会を実現するには、個人データをどう扱うかということについての制度の明確化が必要だ。クラウドサービスやSNSが広まる現在、サービスを受けるには、個人情報をサービス提供側に渡すことは不可避なことという認識が広まり——個人が個人情報を出さないというのは非現実的になってきた。

そのため、個人情報を受けた（受け取ってしまった）側が、状況に応じてその個人に不利益にならないように、その情報を適切に扱わなければならないという「事業者側の義務」として「プライバシー」を定義しなおすことが、必要になっているのではないだろうか。

それが本来の個人情報保護法の考え方だったはずだが、その背景にある哲学を説明し、真《し》摯《ん》に皆の理解を得る努力をせずに、法律のみを成立させた結果が、現在の人々の意識のズレに繋《つな》がってしまったのだと思う。

例えば、東日本大震災でホンダがカーナビデータを吸い上げて集計し、グーグルと協力してマップに反映するというようなことをした。それにより、どの道が通れるのかなどが明示され、援助や復旧計画に非常に有用だった。

しかし、これは非常時だからこそ大きな問題にならなかったが、旧来的なプライバシーの概念からすると問題が出る案件だ。カーナビデータの本来の利用目的としてこのようなケースは想定されておらず、これについての個人の事前許可を受けてはいなかった。実際、通行規制をすり抜けて通ってはいけない道を通っている一般車両の存在が明示化され、平時であれば道路交通法違反者として問題になってもおかしくない。

個人情報を受けた（受け取ってしまった）側が、状況に応じて個人の法益に反しないように適切に扱うという、「事業者側の義務」としてプライバシーを再定義すれば、このケースは利用した意図の「正当性」の問題となり、震災時ということを考えれば十分認められる範囲となる。

ここで重要なのは意図の「正当性」の公的な事後評価のための制度設計だろう。裁判所で審査し、意図が認めがたいものということになれば、事業者には罰則を与える——事後的な抑止力によりプライバシーの濫用を防ぐという制度設計である。

例えば、個人情報を利用した商品リコメンドと、それをスパムメール業者に売り渡すことのあいだには、様々な濃度のグレーゾーンが存在し、それを判定することは機械的処理では難しいだろう。そのため人間系の判断機構がぜひ必要になる。

現行のような「やっていいこと」だけが書いてあるポジティブリスト型の許認可制度体系では、技術進歩の激しい現代において、イノベーティブなネットサービスの迅速な提供は不可能だ。

一方、それと表裏一体の関係として、ネット時代の「パブリック」——つまり、個人の社会的責任も見直しが必要だろう。例えば個人の行動履歴は、パンデミック時に限ってそのデータ利用ができれば、多くの人の命を救うための、非常に有用なデータとなる。

ネットワーク時代には、公共のために状況に応じて個人情報を提供するという社会的「責任」——さらに一歩進んで、例えば「がんの治療法の進展に使ってほしい」というような、自分のデータを社会のために使ってもらう「権利」があるということまでが、「パブリック」の概念となる。これはまさに、個人情報を受け取ってしまった側の、適切な利用「義務」というプライバシーの概念と対になって、初めて成立するのである。

第4章 「オープン」から「アジャイル」へ

GNUとTRON

ここまで「オープン」を中心に、DXを進めるための哲学や考え方を述べてきたので、ここで改めて技術的背景について述べてみたい。

すでに何回も述べたように、いま情報通信技術ICTの世界では「オープン」が大きな潮流となっている。「オープン」――極めて曖昧《あいまい》な言葉で、どのようにも取れるが、哲学や考え方、その方向性を示すには曖昧な方がいいということもある。情報通信分野での、ある特定の考え方やトレンドに付けられたニックネームが「オープン」なのだと考えれば良いと思う。

「オープン」＝「OPEN」。日本語だと「開く」などが出てくるが、そもそもなぜ日本語で言わないのかと言えば、コンピュータが誕生したのが日本でなく、その進展も主として米国が引っ張ってきたからだ。情報関係の世界で使われる「オープン」のニュアンスを、この短さでズバリ表せる日本語はない。「開く」のだから、情報がすべて公開されているという程度の理解から始めていくしかないだろう。そこで、以下では具体的なコンピュータ開発プロジェクトを見ることにより、理解を深めていきたいと思う。

その動きが目に見えるようになった具体的な最初の例が、米国MITのリチャード・ストールマン（写真）による情報処理系コンピュータ関係のＧＮＵ（グニュー）プロジェクトと、機械の中などに入れるコンピュータ、すなわち我々のＴＲＯＮ（トロン）プロジェクトだ。ＧＮＵプロジェクトが発表されたのが１９８３年、ＴＲＯＮプロジェクト開始がその翌年の１９８４年だ。

図4-1　リチャード・ストールマン（EPA＝時事）

　ＧＮＵはＵＮＩＸ（ユニックス）オープン化の元祖だが、そのＵＮＩＸは情報処理系の基本ソフト、ＯＳ（Operating System）と言われているソフトウェアで、今多くの人が使っているスマートフォンに入っているＡｎｄｒｏｉｄ（アンドロイド）や、ｉＰｈｏｎｅの中に入っているｉＯＳの原型である。

　ＴＲＯＮは機械の中に入れるリアルタイム組込み系ＯＳ、例えば車のエンジン制御や産業機械の制御、スマートフォンの通信制御などで使われる。この２つはＯＳとしての用途と基本構造は大きく違うものの、「オープン」の動きが、日米でほぼ同じときに始まったのは興味深い。

情報処理系のOSとリアルタイム組込み系OSの最も大きな違いは、相互作用する相手が誰かということだ。情報処理系のOSは主として人間相手で書類仕事的である。有名なのはPCのOSであるWindows（ウィンドウズ）や、スマートフォンのiOS、Android、クラウドサーバーのOSであるLinux（リナックス）などである。

現在ではLinuxの方が有名になってしまったが、LinuxはUNIXのPC版と言うべきもので、UNIXがなければLinuxはなかった。それ以前のUNIXはスーパーミニコンやワークステーションと言われるタンス程度の大きさの箱型コンピュータをハードウェアとするOSであった。1980年代のビジネスの現場は、IBM互換の「メインフレーム」と呼ばれる一部屋を丸ごと使うような大型コンピュータで占められていた。そこで使われているのは、各メーカーの純正OSだった。それら部屋サイズの大型コンピュータに比べ家具サイズに小さくなったスーパーミニコンやワークステーションは、「小型」かつ格段に低コストで、しかしそれなりに高価・高性能という立ち位置だった。とはいえ、その後に登場する、個人で使えるコンピュータ「PC：パーソナルコンピュータ」ほど、小型でも低価格でもなかったので、主に使われていたのは大学の研究室や企業の研究所で、そこでは純正のOSよりUNIXを載せて使うのが主流だった。言い方は悪いが、ビジネスの主流である「お金がらみの応用」から少し外れたところで使われ始めたのである。

というのは、UNIXは内部情報がすべてオープン、つまり情報が開示されており、設計図にあたるソースコードも公開されてオープンだったため、改変も容易だった。また改変されたコンピュータのプログラムも、機能追加のための多くのプログラムも、ソースコードが公開されていた。定型業務を大量にこなすためのビジネス応用のコンピュータと違い、研究目的では、ガラス器具とチューブで化学実験装置を組み替えるように簡単に内部が改変できるコンピュータが望ましかった。そのため、大学の研究室や企業の研究所で広く使われだしたのだ。

それが1990年代になりLinuxとしてPCに移植されたことで、コストはさらに下がり、個人の研究者が気軽に使えるようになってアカデミックの世界で一気に広まった。多くの研究者・開発者が、Linux上で研究開発に便利な様々なプログラムを実現して公開し、それがまた研究者の利用を広め――という、まさにオープンの好循環により、Linuxは一気に広がった。周辺の便利ソフト――ユーティリティも充実し、研究開発の世界では並ぶものがないOSとなったのである。ちなみに90年代にコンピュータの研究者でない人や、ビジネスにPCを使おうとしていた人たちはマイクロソフトのOS、MS-DOSに流れており、これがその後のＷｉｎｄｏｗｓなどに発展していく。

一方、ＰＣのハードウェアはどんどん強力になって、大きなビジネス用マシンのＯＳにも変化が訪れる。特に１９９０年以降はインターネットの進展とも相まって、サーバーなどの大型マシンにも、ＰＣと同じインテル系のコンピュータが使われるようになった。小さい環境に移植されたはずのＬｉｎｕｘが、逆にそちらの世界でも使われるようになっていく。この流れは今に続いており、Ｌｉｎｕｘは今や、サーバーセンターのコンピュータでインターネットのサービスを支える基幹ＯＳとなっている。

それに対して、組込み系ＯＳは「現場」、すなわち機械を相手とする操作が基本だ。情報処理用ＯＳでは、ユーザが後からアプリケーションをインストールして使うので、自分が何のＯＳを使っているのか——ＷｉｎｄｏｗｓなのかＭａｃＯＳなのかといったことを常に意識している必要がある。ＯＳに適合したアプリでないと、入手しても使えないからだ。

組込み系ＯＳでは、製品の基本機能としてＯＳもアプリケーションも一体化しているため、ユーザがＯＳを意識する必要はない。情報処理系ＯＳに比べ、機械の中に文字通り組み込まれており、ＯＳが前面に出てこない。そのため「有名」ではないが——例えばトヨタの自動車のエンジン制御で使われているのも、ヤマハの音楽楽器で使われているのも、ＪＡＸＡの

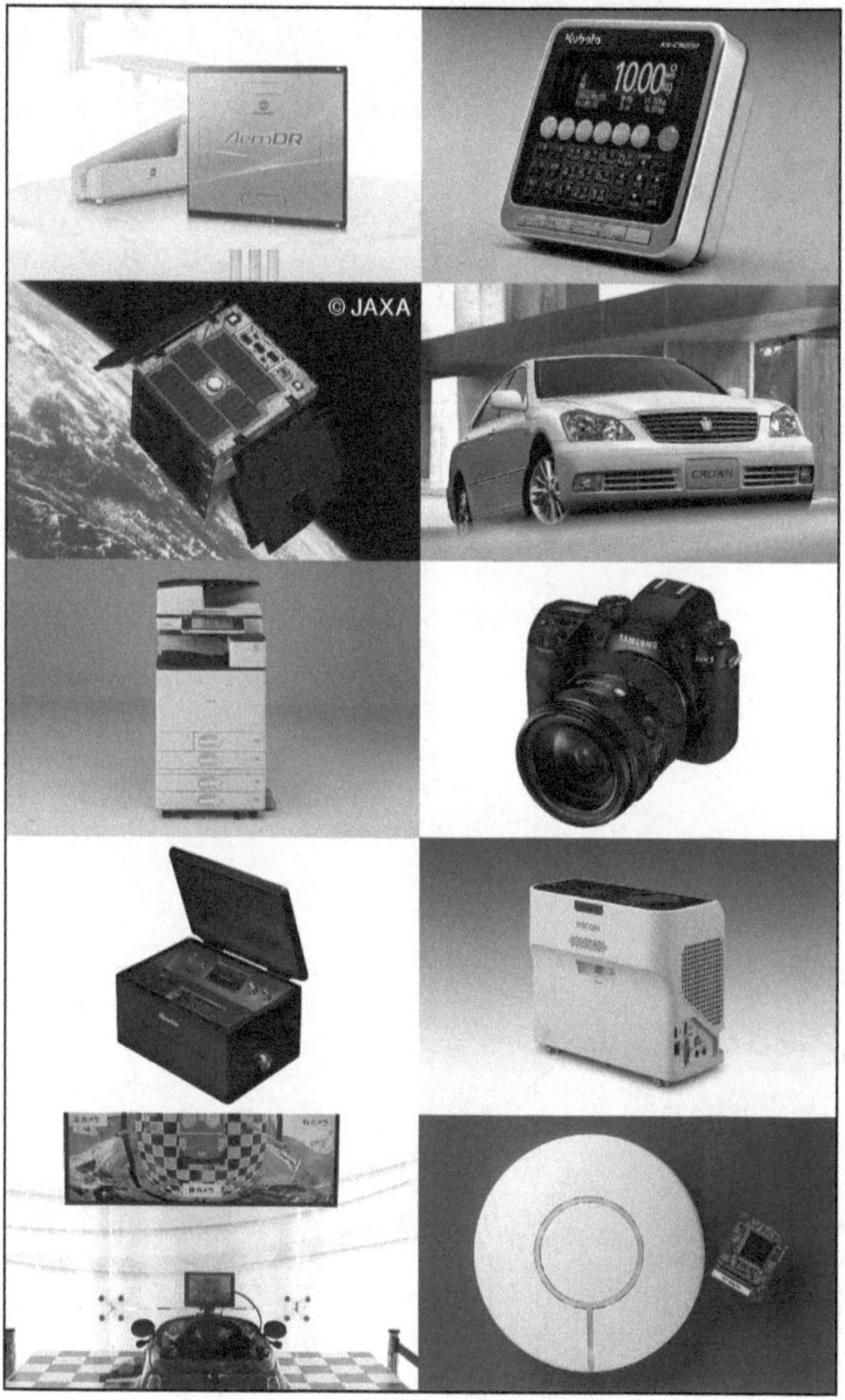

図4-2　TRONの入っている各種製品

小惑星探査機「はやぶさ」シリーズで使われているのも、すべて我々のTRON系のリアルタイムOSなのだが——当然、車を運転するときにTRONの知識は一切必要ない。TRONを知っていても車の運転がうまくいくことにもならない。16ビット以上の組込み系コンピュータで60パーセントほどのシェアを持つなど、実はTRONは、PC界のたとえで言うならWindowsのようなデファクト・スタンダード（標準化機関などで決めたのでなく、シェアが大きいため「事実上」の標準となったもの）にもかかわらず、一般に知られていない理由はこういうことがあるからだ。

ちなみに、PCのようなコンピュータ然としたコンピュータを、一般の方は「コンピュータ」として意識し、組込み機器の中身はコンピュータだとは思っていないかもしれない。しかし、利用されている台数比でいうと、情報処理系OSと組込み系OSでは1：9とも言われており、台数ベースなら世界で最も使われているOSは、実はWindowsではなくTRON系の組込み系OSだったりする。

情報処理系OSと組込み系OS

ここで2種類のOSの基本構造の違いについて、補足しておきたい。情報処理系OSでは、人間相手の書類仕事が基本なので、いろいろな相手との連絡や、サイズの大きな不定形情報のやりとりもする。仕事の種類も、表計算からお絵かきまでいろいろだ。その一方、情報処理系ＯＳでは時間制約――ひとつひとつの仕事の「締め切り」は、場合によっては分単位で結果を返せばいいほど（マイクロ秒で計算しているコンピュータにとっては）ルーズだ。

それに対して組込み系ＯＳの応用は機械の操作で、相手が特定の機械ひとつであることが多い。やりとりする内容も、定型的情報――温度の読み取りとか、バルブの開け閉めの指示とか、単純でサイズも小さい。ただし、車のエンジンの制御のコンピュータが典型だが、ピストンが下がって上がってくる1サイクルのうちに、次の燃料噴射量が計算できなければエンストしてしまう。つまり定形作業ではあるが、外部の状況を勘案した素早い計算が必要で、時間制約――仕事の「締め切り」は厳格だ。マイクロ秒単位で決められた時間までに、結果を返すことを保証しなければならない。

そのため、あまり知られていないが、情報処理系ＯＳと組込み系ＯＳでは、ＯＳとしての基本機能である最小単位の仕事の締め切りを決める「スケジューリング」の機能がまったく異なる作りになっており、完全に別系統のＯＳなのだ。

情報処理系ＯＳでは「ラウンドロビン」と言われるスケジューリングメカニズムをとって

おり、これはある瞬間に同時に行っている仕事（タスク）――実行中のプロセスすべてに、一定のプロセッサ処理時間を割り振り、その時間が過ぎたら次のプロセスに実行権を切り替える（ディスパッチ）。順次こなして一巡したらまた最初からというやり方をとる。他の仕事との関係を考えなくて良いため、ユーザが必要に応じてアプリケーションを随時実行できる。ワードで文章を書いていたとき、思いついてメールを出し、また文章を書いて……というように、人間にとっては、いろいろな仕事を同時にやっているように見えるだろう。

アプリケーションプログラミングも、自分のことだけを考えればいい。これは情報処理系OSを使ってプログラミングしている開発者にも恩典を与え、気楽に複雑で巨大なアプリケーションを開発できる。その代わり、十分に余裕を持った高性能の高価なコンピュータでないと仕事の重要性にかかわりなくすぐに処理が止まり待たされることになる。人間相手なら「砂時計」を表示して待ってもらえばいいが、例えばエンジン制御のような機械相手の制御では使えない。

それに対して、組込み系OSは「プライオリティ・スケジューリング」を行っており、早い話が締め切りを守るため、優先度で仕事を割り振っている。絶対最初に仕上げなければいけない仕事があるうちは他を後回しにする。そのタスクの急ぎの部分が完了したら、次のタ

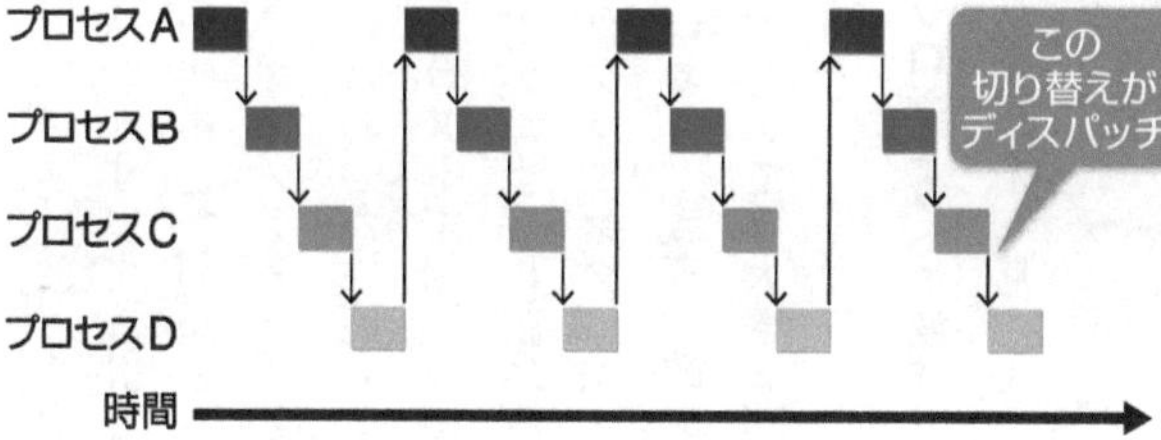

図4-3　ラウンドロビン・スケジューリング方式

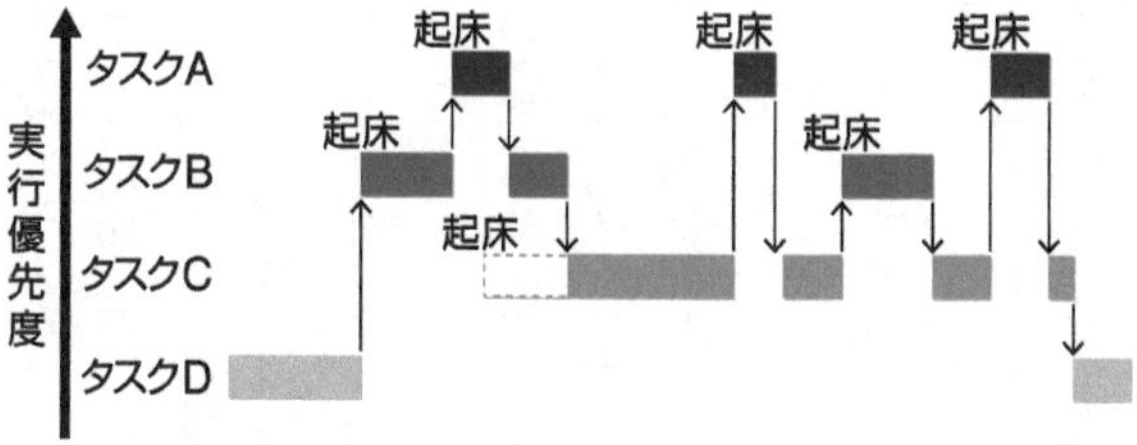

図4-4　プライオリティ・スケジューリング方式

スクを起床し（動かし）実行権を渡す。そのために複数のアプリケーションがあっても最初から何を仕込むかすべて設計し、一連の仕事の中でも、ここは優先、ここは他に譲っても良いなど、他の仕事との関係を考慮した細かいプログラミングが必要だ。機械に組み込むことを考えると、プログラミングをあまり複雑巨大にはできないので、職人技的になる。その代わり、目的に合わせた性能のコンピュータを選ぶことで確実に動作するように設計できるので、最小限のコストで組込み機器の制御が実現できる。

職人技と書いたように組込み系ＯＳのプログラミングの難しさや必要とされる知識は、情報処理系プログラミングに比べて高い。そのため、使いこなせる人は少なく、現在の日本の状況を見ていると、教育、政策なども含めてこの分野の人材確保に対して無関心であり、物作り立国日本としては大きな問題だと思う。

ＴＲＯＮプロジェクトの始まり

ＵＮＩＸとそのＰＣ版であるＬｉｎｕｘや、それが「オープン」に果たす役割については後の方で詳しく述べるとして、ここではＧＮＵプロジェクトにより名前と定義が確定した「オープンソース」と、ＴＲＯＮプロジェクトの「オープンアーキテクチャ」について述べておきたい。

ＴＲＯＮプロジェクトを始めた１９８４年には、「オープン」といってもまったく理解が得られなかった。ソフトウェアはクローズにし、内部情報や、どういった仕組みになっているかは、秘密なのが当然という時代だったのだ。

もっと以前の「メインフレーム」――企業の空調完備の「コンピュータ室」に設置する大型コンピュータが出始めた頃は、設計仕様の管理に関してはかなりおおらかで、当時代表的だったＩＢＭにしても、導入したら付属資料として内部の回路図まで付いてきたぐらいだ。

ところが、その設計仕様通りに動く――そのまま置き換え可能なほど機能を完全にコピーした「ＰＣＭ：プラグ・コンパチブル・マシン」を安く作って売る互換機メーカーが出始めて、風向きが変わる。考え方としては「ＩＢＭのマシンで動いていた応用ソフト、例えば在庫管理プログラムとか売上計上システムが、安いマシンに替えてもまったく問題なく動きますよ」という営業トークで食い込み、全世界の８割近いシェアを占めてしまった。ＩＢＭに対抗するというビジネス戦略としては最善手だったわけだ。

この「ＩＢＭ互換機」ビジネス――元々はＩＢＭにいた人たちが始めたのだが、飛び付いたのが日本のメーカーだった。この互換機により、日本のコンピュータメーカーは大きく業績を伸ばすことになったのだが、結果的に米国のメーカーの売上が落ちるほどになり、安全保障上の問題からも許しがたい――ということで、米国は「元の設計仕様にこそ価値がある」という「知的所有権重視」の路線へと切り替えた。その結果、1982年に日本の「IBM互換機」メーカーの社員が後ろ手錠で逮捕される「IBM産業スパイ事件」が起こるなど、知的所有権をめぐって数多くの裁判が起きる「クローズ」の時代を迎えることになった。それが1980年代のコンピュータ業界であり、それまでコンピュータの技術や知識の自由な利用を当然としていた、筆者を含め、大学などに属するコンピュータ科学の関係者には息苦しい状況となっていた。

GNUプロジェクトは、そのような時代背景から、自由に技術知識を利用できるビジネス主導でないコンピュータ体系が欲しいということで、当時マサチューセッツ工科大学の人工知能研究所でプログラマをしていたストールマンが始めたものだ。

一方「IBM産業スパイ事件」という米国のメッセージに驚いた日本では、いつまでも「互換機ビジネス」ではなく、日本独自のコンピュータ体系を作らないとやっていけないということで、通産省（現経産省）主導で将来計画の模索が始まった。

当時はちょうど16ビットのマイクロコンピュータを使ったPCが出始めた頃で、IBM

PCが発表されたのが1981年だ。コアとなるOSもCPUも——IBMは大型コンピュータで大儲《おおもう》けしていたこともあり、PCを重要視していなかったからとも言われるが——社外調達だった。このOSがマイクロソフト社のMS-DOS、CPUであるマイクロコンピュータはインテル社のi8088。マイクロソフトもインテルも当時はベンチャーカンパニー。これが両社の覇権の原点となり、またIBMの大きな転機にもなっていく。当然のこととして、当時のIBMの力からOSもマイクロコンピュータも作れたのに、互換機で懲りていたはずのIBMがなぜ社外調達をしたのかは興味深い。

結果として、i8088とMS-DOSを搭載さえすれば、簡単な手直しだけで同様のアプリケーションが動くマシンが開発できるようになった。そこで生まれたのが、1982年発表のNEC PC-9801だ。このビジネスは大成功だったが、IBMの呪縛《じゅばく》からは逃れたものの「IBM産業スパイ事件」のトラウマがあるから、マイクロソフト社とインテル社の仕切るPCには手を出したくない——というのが日本政府の考え方だった。そこで、当時の通産省の主導で独自路線として始めたのが「第5世代コンピュータ・プロジェクト」——当時の一般的なコンピュータとまったく異なるアーキテクチャで、応用も一気に人工知能に特化させ、それに適合したコンピュータを開発しようという野心的プロジェクトだったのだ。「羹《あつもの》に懲りて膾《なます》を吹く」ではないが、危ない分野には一切関わりたくないとはいえ、応用まで一気に変えてしまえという振り切り方がある意味すごい。

その初期計画策定に私も少しだけ関与していたが、理想は理想として、当時のマシンでは計算パワーも記憶容量も足りず、人工知能マシンの実現はもっと先だと私は判断した。また私が未来に対してこれはと思っていたのが、インターネットの原型ともいうべき米国のARPA（アーパ）ネットと言われるコンピュータ同士を繋《つな》ぐ通信網だった。これとマイコン——しかも組込み応用が結びついたらすごいことになるという予感があったのだ。そこで「今の日本の産業にとって重要なのはマイコンの方だ」と意見具申を行ったが、当時はまだ若かったため受け入れられなかった。

まったく異なるアーキテクチャと言いながら、その実、第5世代コンピュータは大型・高価格のコンピュータが専用の部屋に鎮座するという、中央集権的「マザーコンピュータ」型の開発だった。それに対し、小型・低価格を指向するマイコンへの転換は、ビジネスモデルも技術もまったく方向が違うということで、当時の日本において政府資金の導入は難しかったのだろう。何しろマイクロソフトもインテルも当時は小さく、PCですらいくら注目されているからといっても、大型機ビジネスを代替するのは無理だと思われていたからだ。

そこで、直接のビジネスを要求されない「研究者」という立場から、日本がマイコンという波に乗り、それを産業に活《い》かしていくのを助けるにはどうすればいいかを考え、マイコンを使ったオープンな組込みシステムと開発環境の標準化プロジェクトを始めた――それがTRONプロジェクトである。

オープンアーキテクチャの考え方

1980年頃からTRONプロジェクトの構想を作り始め、仲間作りを始めた。コンピュータの主流の人々の頭の中には「IBM互換機」しかない。興味を示してくれたのは、当時やっと立ち上がろうとしていた、マイコンをやっていた半導体部門の研究者、開発者たちであった。

電子関係のメーカーで構成する業界団体、日本電子工業振興協会（略して電子協、現電子情報技術産業協会）の中に研究会を作り、NECや松下電器（現パナソニック）、日立、東芝、富士通、三菱電機、沖電気などの電機メーカーの若手研究者、開発者と日本のマイコン開発をどう進めるかの議論を始めた。当時の電子協には本当に感謝している。電子協は通産省とも関係があったが、政府プロジェクトでなくとも日本の未来に重要と思われるプロジェクトには、できる限りの援助をしようという度量があった。研究費の直接援助などはなかったが、関係するメーカーに声をかけたり、議論の場を提供したりといろいろなことをやってくれた。

ポイントは、マイコンは将来、世界の産業にとって必要不可欠のものになる。まだ決定打は出ていない。そこでそのイニシアチブを取るためにも、一からの開発を行う。あらゆる産業機械の中に入っていくので、まずは組込み用途が重要。そのうち今のコンピュータもすべてマイコンベースになるだろう。そして戦略として、これからはソフトウェアが重要になるので、まず基盤となるリアルタイムOSを含む開発環境整備から進め、マイコンは特定せず移植性をよくすることに注力し、その後、そのOSが最も効率よく動くチップを作ろう。そして開発のスタイルをオープンにして囲い込まず、やりたい人に入ってもらい、一緒にやろう！　というものであった。何しろ当時コンピュータの開発には多額の資金が必要で、国のプロジェクトでないのだから工夫が必要と私が考えたからである。米国にある世界最大のコンピュータ関係の学会IEEEとも組み、学会的要素を入れた全世界にオープンな新コンピュータ開発プロジェクトはこうして始まった。

メンバーは皆熱心で、私がデザインしたリアルタイムOS――「Industrial TRON：ITRON（アイトロン）」と呼んだ――のマイコンへの移植を始めた。「IBM産業スパイ事

図4-5　IEEE Micro誌TRON特集号（1987 年）

件」で叩《たた》かれるぐらいに、逆に言えば米国を脅かすほど日本のコンピュータメーカーに勢いがある時代だった。ＮＥＣを始めとして日立、富士通、東芝、沖電気なども機器制御用のリアルタイムＯＳとして、ＩＴＲＯＮを自社のマイコンに載せ始めた。ＩＴＲＯＮのデザインコンセプトである、シンプル、わかりやすさは産業機器設計者に受け、多くのメーカーで採用が決まっていく。

大学というアカデミックが中心となり、若い技術者たちと会社の垣根を越え、ある意味草の根的に始めたプロジェクトであったため、ＴＲＯＮプロジェクトは開始当初より「オープン」が旗印だった。しかし、実際に各社のマイコンへ実装する段になると、どうしても各メーカーの「若い技術者でない」人たちが出てくるわけで、そうすると知的所有権の問題が複雑化する。そこで「標準ＯＳは普及してこそのもの」なので、関連する技術仕様も実装例のソースコードもライセンスも無償で公開する

図4-6　第1回TRONプロジェクトシンポジウム（1986年11月）

が、それらのいわば設計図とサンプルを元に各社が実装した個々のプログラムは、各社の製品としてビジネスにして良いとした。これが、当時の日本のメーカーを束ねられる唯一の策として私が考えた「オープンアーキテクチャ」という考え方——GNUと並ぶ「オープン」の走りになったわけだ。

この考えがうまくいき、ＩＴＲＯＮはリアルタイム性能が高くかつ小さなマイコンでも動くという点が評価され、携帯電話やリアルタイム性が必要とされる産業機械——例えば半導体製造装置の制御等に使われた。当時、米国製のリアルタイムＯＳもあったが、米国の得意分野は組込みと言ってもミサイルや航空機のような高額で大きなシステム向けで、利用する製品が高額のため、リアルタイムＯＳも高額・巨大で、ビジネスモデルが異なっていた。安くて高性能な、いわゆるコンシューマーマーケットを狙うメーカーにはＴＲＯＮの方が受けたのである。その後、デジカメや電子楽器、プリンタ、エンジン制御など、広く組込みコンピュータとして全世界でＴＲＯＮは使われるようになっていく。その結果、信頼性と同時に低消費電力性能が強く求められる「はやぶさ」のような宇宙探査機にも採用。さらに、日本だけでなくインド、中国、韓国はもとより本場米国でも使われ出した。

ＴＲＯＮとＧＮＵとの基本的な「オープン」に対する考えの違いは公開したソースコードを元に直して何か工夫して新しいものを作った場合、ＴＲＯＮは工夫した部分を作った人のものとし、そこを公開することは求めないのに、ＧＮＵは直したものもすべて公開しろという方針だということだ。

図4-7　ITRON関連の仕様書（米国IEEEから1997年に出版）

これは情報処理系ＯＳと組込み系ＯＳとの使われ方の違いによるもので、どちらが正しいということではない。ＵＮＩＸのような情報処理系ＯＳを当時使っていたのは、ほとんどが、その上で自分たちの作った特定目的のプログラムを動かしてコンピュータを利用したいという「プログラミングができるユーザ」であった。なので、自分たちのプログラムで動かす過程で、OSを改良するなど日常茶飯事で、その成果をコミュニティに還元することは、回り回って皆の利益になる——「情けは他人《ひと》のためならず」が正義というコミュニティであった。

一方、組込み系OSは製品を作るメーカーにとっては単なる部品だし、その改良をしたとしても自分たちのアドバンテージとして秘密にしたい。一方、その組込み系OSを使って大量生産して販売された具体的な製品を直接使うのは「プログラマでないエンドユーザ」であり、改良でコミュニティに貢献はできないからソースをもらっても意味がない——というわけで同じ「オープン」でも、OSの使われ方の違いでライセンス・モデルが別れたわけだ。

「クローズ」への流れ

しかし、その後PCがコンピュータの主流になり、状況は大きく変わっていく。先に述べたように当初コンピュータの技術はある種の「オープン」で、OSの仕様書も内部の設計図もハードウェアと同時に提供されるのが常だった。コンピュータが非常に高価だった時代—

—１９５０年代から60年代にかけて、ＯＳやアプリケーションといったソフトウェアはハードウェアの付属品扱いだったのだ。

分離しなかった理由は、まずハードウェアの仕様をよく知る技術者でなければソフトウェア開発はできないこと、そして当時のソフトの機能は今と比較すると限られたもので目的に合わせ開発するので、単独でビジネスになることはなかったためだ。さらに、数億円とか数十億円のハードウェア商談に対しコピー可能なＯＳなどは、セットで引き渡してもメーカーとしては元が取れるものだった。

しかしＰＣの時代になると、処理能力は上がったのにハードウェアの価格はどんどん下がる。一方ソフトウェアは、上がった処理能力を活かせる高度なものが要求され、開発費はかさんでいく。開発にお金はかかってもコピーはタダ同然というソフトウェアの利点を活かすためにも、万人向けの機能を持ったワープロや表計算などをお金をかけて開発し、多くのＰＣユーザに買ってもらうというビジネスが主流になり「パッケージソフト」という概念が確立する。

ハードウェアを多くのメーカーが開発して競争原理で低価格化しても、標準的なＯＳが載っていれば、その上で同一のパッケージソフトを売ることができ、単一の巨大マーケットとしてビジネスができる。ＯＳがハードウェアとアプリケーションの中間に入ることでソフトウェアはハードウェアの付属品でなく、独立した商品として流通するようになったのだ。

しかし、開発にお金はかかってもコピーはタダ同然という商品はビジネス的に危険。コピー商品が出回ったら、かさむ一方の開発費を回収できなくなる。そうなるとビジネス市場としてパッケージソフトを成り立たせるために「コピー禁止」が必要となる。技術的にそれを行うのには限界があるので、ＩＢＭ互換機潰しの手法と同様に著作権法をベースに制度的に禁止し犯罪化するということになる。ＯＳでもパッケージソフトでも、人間が読み書きしやすい高級プログラミング言語のままの「ソースコード」は重大な企業秘密として隠され、それを機械が実行できる機械語に翻訳した「オブジェクトコード」は、商品としてユーザに渡すがコピーは犯罪として禁止する――ということになった。これが「クローズ」の時代だ。

そして、本来プログラマ同士が情報交換をし、切磋琢磨《せっさたくま》するはずのコンピュータ・プログラミングの「オープン」な世界が、「クローズ」化していく傾向に反発する人々がいた。それが、先に紹介したストールマンなどで、ビジネスの世界と袂《たもと》を分かつことになったアカデミックの世界で、その「オープン」の流れが受け継がれていった。

時代は再度「オープン」に、そして「アジャイル」の時代に

それからすると現代は隔世の感で、時代は一周し再度「オープン」が注目される時代になる。今度の「オープン」が、コンピュータ黎明《れいめい》期の「オープン」と異なるのは、それがアカデミックだけでなく、ビジネスの世界でも正義となったことだ。

それを正当化した——というか「オープン」を必然にしたのが、インターネットだ。例えば、開発現場でのプログラミングのやり方もインターネットを前提に大きく変わった。ネット経由でいつでもアクセスできるオープンソースの大量の蓄積が開発の基盤となり、例えば先に挙げたＧｉｔＨｕｂには、１億件以上のオープンソースプロジェクトがあり、日々新たなオープンソースが加わっている。そのためプログラミングではまずＧｉｔＨｕｂに使えそうな機能モジュールがないか探しテストデータを食わせて反応を確かめ、必要なら中を見て修正や改造をし、それらを組み立てて目的のサービスにするという、オープン前提の「アジャイル」方式の開発が広まっている。

ここでちょっと脇道に逸《そ》れて、さらに余計なことかもしれないが、このアジャイルについて述べておきたい。アジャイル（Ａｇｉｌｅ）——またまた変な言葉が出てきて、これだからコンピュータの世界は嫌だなどと考えてほしくないのだが……、ダイレクトに訳すと「素

早い」などという意味である。しかし、これも曖昧模糊《もこ》としており、そもそもの定義もひとつというわけではない。いろいろな人が都合よく使っている考え方（もう少し言うと、ソフトウェア開発の世界でのやり方についての考え方）であるが、この考え方・やり方が重要視されるようになったのが今日この頃である。

80年代あたりからソフトウェアの開発が大変だということは認識され出し、特にネット時代になってくると、1台でなく大量のコンピュータを繋いで大きなシステムを作ろうというので、ソフトは複雑かつ巨大化し、ソフト開発をもっと科学的（？）にということが言われ出した。そのためソフト開発においては、まず要求定義から始め、どう作るかを概要から細部の設計へと、上流から下流に水が落ちる如く段階的に落とし……というような、いわゆる「ウオーターフォール」というソフト開発の手法が長らく主流になった。これに反発して出てきたのがアジャイルなのだが、ますますわからなくなった方には申し訳ないがソフト開発の方法の話だ。

なぜ反発が出てきたのかというと、「オープン」が深く関係している。実は昔、ソフトウェア開発というと、全部自分で書くのが普通であった。プログラムを書いたことがないという方には「？」かもしれないが、プログラムというのはコンピュータにわかる言葉で命令する命令文の塊みたいなものであって、コンピュータがわかる人工言語がプログラム言語であり、これも何千とある。もちろん主流のものはそれほどないが、Python（パイソン）、Java（ジャバ）、C、昔だとBASIC（ベーシック）、COBOL（コボル）、FORTRAN（フォートラン）などだ。

例えばBASICなどで書いたことがあるという方は「そうそう」と思われるかもしれないが、昔のプログラミングの教科書を見ると、どう自分で書くのかが書いてあって、人の書いたプログラムを積極的に使って……などとはどこにも書いていない。しかし今は、先程も述べたように、人が書いた使えそうな「オープン」なソフトをまず使い、それをちょっと手直ししながら完成させていくというようなアジャイル——小さな単位から素早くプログラムを始め、サイクルを何回も回し完成に近づけるというような開発手法が最先端になってきているのだ。そして人の書いた参考になるいいプログラムの宝庫がGitHubなのである。

というのは、あまりにコンピュータが高機能化したため、その性能をフルに活かせるプログラムの開発は膨大となり、すべてを自分の会社内で閉じて行うなら多大なコストと何より時間がかかる。インターネットで加速したコンピュータ・ビジネスの世界では、「時間」こそが何より大事な資源である。オープンな資産を使い、適切なプログラムを探して組み合わせれば数週間で可能な開発が、全部自社資産だけにこだわると数年かかる、となれば「オープン」を採用するしかない。

そして、自分たちの開発に役立つプログラムが、オープンソースとして増えるように誘導すること――自分たちのビジネス分野に関するそういった相互扶助のエコシステムを構築することが、結果として自分たちのビジネスを助けるとなれば、むしろ戦略的に「オープン」を率先した方がいいと考えるようになってきた。

とはいえオープンなのだから、そのエコシステムはライバルも助ける。しかし、その「オープン」の流れの先頭に立って、常にイニシアチブを取り続ければ「Winner take all」――最初にやった人が全部取ってしまうインターネット関係のビジネスの世界では、それが「クローズ」を守り続けて取り残されるよりはるかにいい。「オープン」がビジネス的な正義にもなったのだ。

モノの所有からサービスの利用へ

さらに、先に述べた「使われ方」に対しても、インターネットが大きな影響を与え、それもまた「オープン」への流れを必然化した。それが「クラウド・ファースト」だ。

多くの人に理解していただきたい言葉として「クラウド」というのがある。スマートフォンで皆さんが使っている多くのサービスを実現しているのが、このクラウドだ。例えば、あなたがスマートフォンで検索したとき、ネットの向こうの超巨大データベースのコンピュータ・パワーを使っている。

クラウドは英語の「雲」で、業界の解説図で非中央集権型のネットワークであるインターネットを「雲」として、それに多くのコンピュータが繋がっているように描いたことによるが、むしろ最近では「雲の向こうがどうなっているかよくわからないが、頼めばサービスが降ってくる」というイメージで説明されることが多い。

例えば、グーグルのクラウドサービスは、全世界に数十箇所あるデータセンターで処理されているが、それらを結ぶネットワークで地球を一周して常にデータと処理の分散をし、常に冷房効率が高く電気代も安い夜の側の半球で処理の負担を高めていると言われている。つまりあなたがスマートフォンで「○○を検索して」と投げた指示は、ネットから地球を囲む高速データ流の中に投げ込まれ、そこから答えが出てくる――それが数十のデータセンターで全数千万台程度あるというサーバーのどこから出てきた答えか、どうなっているかよくわからないが、頼めば答えが出てくる、というわけだ。

グーグル検索の例では、グーグルが広告モデルで収益を上げているため、直接の費用は見えない。しかし一般にいう「クラウドサービス」は、簡単に言うとネット経由でコンピュータの力を賃借りすることで、有料のものも多い。とはいえ、コンピュータのパワーが必要なとき必要な分だけ使える、お金は使った分だけ払えばいいというのがクラウドの基本だ。もちろん計算量での課金も、利用時間課金もあるし、音楽や動画などのコンテンツ系のサービスでは月々定額でいくらでも使えるような「サブスクリプション」型の課金もある。グーグル検索やマップのように、他の収益モデルと組み合わせた無料のサービスも多いし、利用がこれ以下なら無料だが、それを超えて高度な機能を使うには有料という「フリーミアム」型の課金もある。

とにかくポイントは、自分でコンピュータを所有せず、その計算サービスのみを利用する、ということだ。社内に専用室を持ちそこに大きなコンピュータを置く自前主義では、最初に大きなコストがかかるし、そのコンピュータの日々のバックアップからアップデートまで管理要員も必要だ。クラウドならそういったしがらみから解放される。しかもビジネス規模の小さいときはそれなりに、ビジネスが好調になり必要になれば素早く計算パワーを追加できてチャンスを逃さないから、ビジネス初期にコストをかけずに済み、リスクも小さい。その

図4-8　クラウドのイメージ

利点により、世界的にはビジネスでは基本「クラウド・ファースト」が合言葉になっている。

特にその利点を享受しているのがベンチャーのスタートアップだ。いいアイデアさえあれば素早くビジネスを立ち上げ、うまくいったら素早く拡大し世界企業になるベンチャースタートアップを支えているのがクラウドなのだ。

そして、先に述べた「使われ方」での考え方の違いという意味で言えば、今までパッケージソフトを買わせて、ユーザがソフトを「所有」していたのが、クラウドでユーザはソフトを「利用」だけすればいいと言う流れになっていること――これが大きな意味を持つ。クラウドでの利用なら、サービスのためのプログラムはデータセンターで動作しており表に出ない。著作権法などの法規制に頼るための秘密主義で「クローズ」

にする必要もなくなり、むしろアイデアを素早く実現しサービス提供するための「オープン」の方が重要になるからだ。

企業のオープン戦略の肝は見極め

マイクロソフト社はWindows以上にドル箱としていた巨大パッケージソフトのOfficeをクラウド化しサブスクリプションモデルに移行したが、同時に従来の「クローズ」路線から「オープン」の先頭に立つと表明した。

先に述べたオープンソースの流通ハブであるGitHubを、マイクロソフトが買収したときには多くのIT関係者が「クローズ」化するのではと危惧《きぐ》したが、それも杞憂《きゆう》に終わり、今やマイクロソフトの開発したソフト資産をGitHubに載せ始めるなど、結果として同社が「オープン」を積極的に先導する姿勢に転換していることを広く示すことになった。

しかし、これは何もマイクロソフトが「改心」したからではない。クローズなWindowsとパッケージソフトにより、莫大《ばくだい》な儲けを得たことは、それに見合う何らかの利便を世界に与えたということであり、この資本主義経済の世界においては正しい判断だった。その路線を転換した背景は「改心」ではなく、同社の稼ぎ頭がソフトウェアからクラウドサービスに移行しているという、時代を見据えた冷静な判断だ。

本書では何もコピー可能な自社の情報資源のすべてをオープンにすべきなどという共産主義的な暴論を言っているわけではない。先に挙げたグーグルも自社が開発したプログラムの多くをオープンソースで公開しているが、検索システム自体は公開しても、それがページ内容の類似性判断の元にしている「ナレッジグラフ」（グラフ型の知識情報）の集積という情報資源は門外不出。だから、同じオープンソースを使ってもグーグルと同じ快適さの検索サービスは不可能だ。

つまり企業のオープン戦略で重要なのは、流れのイニシアチブを取るためにオープンにすべき部分と、絞り込んでココの優位性さえ確保できれば他はオープンできるというコア資源の見極めにほかならない。

日本企業はこの部分の見極めが下手——というか、これこそ経営層でないと判断できない重い問題なのに、そういう自分の時代になかった新しい課題への対応は「情報関係ならシステム部だろう」などと他人任せにする。そうすると、任された方は判断ができずに、場当たり的に「オープン」にしてしまったり、「重要な情報が含まれるかもしれないから一切秘密」といった判断に偏る。

社内セキュリティも同様だ。日本企業は従来社内ネット全体をインターネットから隔離し「すべてクローズ」することで、セキュリティを担保してきた。「危なければ、繋がなければいい」というわけだ。しかし、先に述べたようにオープンの時代になり、このセキュリティ方針は破綻《はたん》している。クローズにするのを徹底するなら、グーグルのウェブサービスにも接続できない。ＧｉｔＨｕｂも使えない。それではオープンにした本業のライバル社に生産性で確実に負けてしまう。リスクを過度に怖がりクローズにすることの弊害の方が大きい――それが今の時代なのだ。

現在の欧米で主流のセキュリティの考え方は「すべてを守ることは諦《あきら》め、守るべきポイントを見極めて、そのセキュリティレベルに応じて局所防衛する」だ。例えば顧客リストが何より大事なら、厳密に暗号化し解読利用は限られた端末の限られたアプリケーションのみに限る。その端末はＵＳＢポートを外し、ネットとの接続は独立した厳密な監視プログラムで限定しバックアップを時間差で何個も取るといった具合だ。その代わり、当然監視プログラムで既知の攻撃は素早く止め、すべてのアクセスのログを取る前提で、他の端末では自由にインターネットに接続可能にする。さらに、オープンにする以上ある程度のハッキングのリスクはある前提で、ハッキングされた場合の緊急対応の訓練を――いわば職場での防災訓練のように定期的に行う。

当然、そんな面倒なことはやりたくないわけで、もし情報システム部に「セキュリティが何より大事」とトップが指示すれば、楽で責任問題にもならない「すべてクローズ」にする可能性が高い。

変化に応じてリスクとメリットを比べ、タフな「程度の問題」の見極めをして、自らを変える判断をする。それに日本は——特に確立した大企業では尻込《しりご》みするところが多い。今、オープン戦略が採れないとしたら、そういう問題が自らにないか考えるべきだろう。

第5章　オープンの哲学

クラウドの利用が遅れた理由

すでに述べてきたようにオープンとクラウドは表裏一体――オープンがクラウドを進歩させ、クラウドがオープンを求めるという関係だ。しかし、そのクラウドが他人任せで不安という人もいる。多くの場合、この手の人はオープンに対しても消極的である。若い世代では少ないが、特に日本の大企業の意思決定者の多くにその傾向があり、報道がそれに加担して、日本の企業でのクラウドの利用が世界に比べ遅れた大きな理由となっている。

例えば、2019年8月23日にクラウドの分野で、世界最大手のアマゾンの東京地区でのサービスが6時間から10時間という長時間にわたって止まった。そのためクラウドを利用しているPayPay等のサービスが停止した。そうすると日本の報道の多くは「だからクラウドは危険」というような捉《とら》え方をする。

しかし「クラウドは危険だから、システムを所有し自前で管理すれば問題は起きない」などという話はない。むしろ、クラウドの大規模障害は珍しいからこそニュースになるのだ。自前で所有し管理するシステムを「クラウド」に対し「オンプレミス」と呼ぶのだが、オンプレミス型のコンピュータの障害は、それこそ銀行のシステムがダウンしATMが止まるとか、航空会社の予約システムが止まるぐらい社会問題にならないとニュースにならないだけで、日本中の会社でそれこそ日々起こっている。むしろ何千億もかけて作られ慎重に運用されている銀行の基幹システムですらダウンしていることを考えれば、クラウドの大規模障害は驚くほどレアだと言える。

世界的に著名なクラウドサービスの会社は、それこそ世界最高のコンピュータ技術者を多数抱え、24時間の体制で、先のグーグルの例のように世界中に分散したクラウドセンターでシステムを運営している。オンプレミスで同じことができる会社はまずない。そしてオンプレミスで障害が出たら、復旧はすべて自力でやる必要があり、クラウドよりも大変なことになる。

問題はクラウドかどうかでなく、利用側の使い方や運用方針にあるのだ。事業継続性を重視するなら、すべてを二重系にするなどクラウドでもやり方はいろいろある。その分コストはかかるが、そういう運用をとらずに最低価格でクラウドを構成すれば、クラウドが止まれば当然業務システムも止まってしまう。極端な話、アマゾンとグーグルの両方で同じシステムを動かしておけば、どちらかがダウンしても事業継続できるし、オンプレミスでやるより安くできるだろう。今ならOSや関連ユーティリティごとサービスシステムをパッケージ化して、簡単にサーバー間で引っ越しできる「コンテナ」や「オーケストレーター」など、各種のクラウドにまたがる連携利用を簡単化するための技術も発達しており、複数クラウドの利用はますます簡単になっている。

「正しく恐れる」には

クラウドに対する過度の不信感のように、科学技術に関するトレードオフを理解し「正しく恐れる」ことは難しい。しかし、それが――ベストでないにしても、ベターを選ぶためのただひとつの道。そしてそれこそがオープンに必要な姿勢でもある。

オープンである以上、どうしても他人任せの部分は出てくる。他からの借り物の部分との接続で不具合も出る。それらのリスクを認識した上で、それでも得られるベネフィットと勘案して、リスクを減らすための方策のコストも含め、すべてを「程度の問題」として比較考量できなければ、オープンは選べないだろう。その比較考量をするには、科学技術に関する基本知識が必要になる。

政治経済や行政など、社会の仕組みについての基本知識を有していることは、民主主義国家の一員としての責務だ。例えば裁判の必要性、株式とは何か――そういったことを知らずに、選挙において責任ある投票は本来できないはずだ。

同様に、科学技術についての教養を身に付けることは、今や日本の国民としての義務となった。「科学は難しくて」とか「ネットは老人には難しい」と努力放棄できる状況ではない。資源もなく、少子高齢化まったなしの不利な状況――科学技術に頼るしか道がない国の一員として、それは避けて通れないからだ。

社会の側も科学技術に関する教養を広めるべきだ。テレビでも、内容の善し悪しはあるものの政治経済を扱う教養系バラエティ番組のようなのはまだあるが科学技術系は少ない。NHKの特集などで「iPS細胞の最先端」はあっても、「DNAとRNAの違い」や「DNAとタンパク質の関係」、「免疫系の仕組み」といった教養レベルを題材として、皆に知ってもらうような番組はほとんどない。それどころか、ノーベル賞受賞者への質問に、科学部の記者を差し置いて社会部がしゃしゃり出て、「授賞式での奥様の着物は」と聞くようなマスコミが多いのが我が国である。

そうした教養がないまま、原発事故や新型伝染病など科学的な大事件に触れると、判断の基準が「理性」より「感情」に傾き、「よくわからないから怖い」とか、「うまくいかないのは裏に陰謀があるから」などとなりがちだ。

そして一般の受け止め方もそうだろうと勝手に思い込めば、「視聴者の素朴な感情に沿った番組作り」を錦《にしき》の御旗《みはた》に、より感情的な番組作りをしようとして、その線に沿った発言をするコメンテータが重用される。いわば視聴者とマスコミの共依存関係で感情の垂れ流しの連鎖が始まり、止められなくなる。素朴な感情的判断を否定するものではないが、とめどない感情の連鎖の危険性は、過去の様々な悲劇で十分だろう。

現在の民主主義社会では、できるだけ多くの参加者が、科学技術が関係する問題に、自らの感情を疑い理性的に判断を下せるかどうかに未来がかかっている。ワクチンと副反応、原子力とエネルギー危機や地球環境、農薬や食品添加物と食糧危機――科学と技術が関係するトレードオフには単純な善悪の割り切りはできない。

「私たちは絶滅に差し掛かっているのに、あなたたちが話すのはお金のことと、永遠の経済成長というおとぎ話だけ。何ということなのでしょう！」のように、何かを悪として否定するだけの感情的な言説は、残念なことに単純すぎて機能しない。

原子力や火力発電には確かに多くの問題がある。しかし、2019年千葉の台風被害で明らかになったように「たかが電気」の不安定が、現代社会に多くの不幸を引き起こす。さらにアフリカなど電気がないために、多くの命がいまだに失われている地域が世界には残っているのだ。

確率的な害とは何か

明治中期から昭和初期の物理学者で随筆家としても有名な寺田《てらだ》寅彦《とらひこ》は「ものをこわがらな過ぎたり、こわがり過ぎたりするのはやさしいが、正当にこわがることはなかなかむつかしい」と書いた。東日本大震災での原発事故について多くの科学的でない言説が流れ、風評被害や被災者差別にも繫《つな》がった。そこで「正しい科学知識を持って状況を理解して対応するべし」という戒めとして、この言葉が改めて見直された。

図5-1　寺田寅彦（高知県立文学館）

しかし、もちろんこの言葉自体は中立で、「恐れるな」と言っているわけではない。恐れるべきときに恐れないこともまた「正しく恐れていない」ことだ。問題は「何が正しいか」だ。

実際2020年の3月の時点までは、米国で2200万人が感染し1万2000人もの死者を出して警戒されていたのは、新型コロナではなくインフルエンザだった。その時点では新型コロナよりはるかに具体的な危険性だったが、それでも米国はもとより、日本でも来日する米国人に対してインフルエンザを警戒することはなかった。ここで「正しく恐れる」ことの難しさがよくわかる。

こんにゃくゼリーが窒息を起こし、大きなニュースになって販売中止されたときでも、毎年1月にいつも数百人程度の死者を出す餅《もち》は禁止されない。ことほど左様に、人は未知の脅威を過度に恐れ、馴染《なじ》みの脅威は軽く捉える傾向がある。それが「正しく恐れる」ことを難しくする。

このあたりの論理は、確率的な害という概念に慣れていないとわかりにくい。そこがわかっていないと「ウチのじいさんは毎日タバコを吸っても80まで生きた」から、「タバコに害はない」というような人が出てくる。それは恐れるべきときに恐れないということだ。「80まで生きる人がいる」というのは、タバコが「吸ったら確実に死ぬ確定的な毒ではない」ということを示しているだけで「確率的に害を及ぼすもの」であることに変わりはない。

同じようにタバコを吸った人で、80まで生きる人も生きない人もいるだろう。しかしタバコを吸う以外は同じような生活で、吸うと吸わないだけが違うそれぞれ100人のグループがあったとして、吸う側で80歳まで生きたのが20人、吸わない側では60人なら、タバコに害があるのは確かだろう。

この「確率的な害」という観点で考えれば、タバコと低線量放射線の害は同じで単なる程度の問題だ。そもそも人間に対する低線量放射線の害は、基本的にはDNAの部分的破壊による細胞のがん化であり、タバコの害も酸化によるDNAの部分的破壊による細胞のがん化で、原因は違っても害の質は同じだ。

その「程度の問題」で考えると、タバコの害を低線量放射線の害と確率的に比べることも可能で、タバコ1本の喫煙は「発がん確率上昇について本人2シーベルト、受動喫煙でも0・1シーベルト相当」という。福島原発事故のあとに、タバコを吸いながら「放射能が怖いので東京を脱出するべきだ」と力説していた論者などは、「正しく恐れて」いたとは言えないだろう。

すべては天秤の上——程度の問題

「人の命は地球より重い」という美しい言葉で楽な判断をすることは許されない。もし本当に「人の命が何より大事」というならタバコは即刻禁止のはずだ。しかし人間にとって求めるものは何なのかを考えると、当然のこととしてすべてが「合理性」で片付くわけでもない。

感情も重要になる。それはつまり、単に生き残るだけでなく、どう生きていくべきなのかを考えるのが人間だからだ。「人の命より重いもの」として「個人の自由」などを考えるから、現時点でタバコは社会に許されている。結局は「すべての何より大事」という絶対的なものは存在しない。すべてを天秤《てんびん》に載せて判断していることに変わりはない。

1984年に起こったインド・ボパールでの殺虫剤製造工場事故では、最終的には2万人以上ともいわれる死者を出し、周辺はいまだに汚染され人は住めない。化学物質の毒は分解されにくいものも多く、文字通り「永遠に呪われた土地」になってしまうのだ。それに対して、放射能汚染は物理的に決まった半減期は不変なので、汚染は必ず時間とともに半減していく。放射能の危険の方が化学物質の危険より天秤の上では軽いこともあるのだ。

福島原発事故のあと「原子力は他とレベルの違う危険で、人間がコントロールできるものではない」といった論者もいたが、放射能が絶対的な危険で比較できないなどということは決してない。化学工場だって危険だし、だから殺虫剤を作るのをやめればいいというなら、農業生産量が下がり多くの人が餓死してもいいということになる。結局、すべては天秤の上である。

原子力発電所と火力発電所も「確率的な害」という観点で見れば、同様に天秤の上なのだ。

確定的な毒の発生については、流石に現在の火力発電所では起こらないようになっているだろうが、例えば米国での調査でも、化石燃料の発電所から排出される微小粒子による健康被害が毎年3万人ほど死亡数を増やし、呼吸器系疾患の患者数を10万人増やしているという。

東日本大震災以降、日本では原子力発電所を止めたため、大気汚染問題は棚上げにして火力発電頼みの状況となっている。しかし、どんな技術にも「確率的な害」はある。米国での計算から類推しても、火力発電所には大気汚染問題があり、結果として日本で万人単位の死の遠因となっている可能性があると言われている。今後のエネルギー政策を論じるとき、そのことだけはどうか忘れないでほしい。

絶対安全はない

先のインド・ボパールの例など、前世紀末に多発した何度かの大事故を教訓に、世界の工業標準を定めるISO（国際標準化機構）は1999年のISO／IECガイド51の改訂で、安全について「機能安全」を求めるとした。その背景には、ある程度以上複雑になったシステムには「絶対安全は存在しない」という考え方がある。「絶対安全」の建前を明確に捨てることが、社会をより安全に近づけるために重要とわかったからだ。

日本人は大前提としての「100パーセントの安全」という状態がまずあり、それが何らかの「あってはならない」原因で毀損《きそん》されて「危険になる」と考える癖が抜けない。それに対して「機能安全」とは、一言でいえば、システムに100パーセントの安全を求めない――そもそも求めることができないという考え方だ。安全も速「度」や精「度」と同じように、「機能」として実装し、安全「度」で語るべきスペックのひとつだということだ。

実は絶対安全が存在しないことは、すべての技術系の人間には当然のことである。コンピュータのプログラムでも、いかに気をつけて対策を講じ、チェックを繰り返しても、ある程度以上のシステムでは、必ずバグ（プログラムの間違い）が存在する。むしろ、それを見越して打たれ強いシステムを作るべきというのが現代のやり方だ。しかし、それは社会のコンセンサスにはなっていなかった。

結果、本音と建前になってしまう。福島原発事故以前に、原発事故の避難訓練をしようとしたら「事故は100パーセントないと言うから造らせたのに、避難訓練をするのは事故があると思っているのか」との抗議を受けて訓練が沙汰《さた》止みになったという。これなど、本音が建前に押し切られて、結果として社会全体としての安全度――打たれ強さを減じてしまった典型例だろう。

さらに「絶対安全がある」という前提に立つと、関係者が何か大きなミスをしない限りトラブルはないし、ミスをしなければいいなら皆がちゃんとしていればいい――という考えになって、システムとして安全度をいかに高めるかという技術の話にならず、関係者の「モラル」の話になってしまいやすい。

事故があったときに「誰が悪いか」の責任を問う目的で調査すると、皆が保身に走り、真実が見えにくくなり、次の事故を防ぐ妨げになる。だから、巨大システムで事故が起こったときは、システムの問題点を洗い出し改善するために個人の責任は問わない方がいい。この考え方も、スペースシャトルの事故などを経て欧米ではすでに一般化しているが、日本では理解されないことが多い。それも結局、問題が起こるのは「誰かが悪い」からで、モラルに欠けた人がいなければ問題は起こらない――つまりは、絶対安全が何かの理由で毀損されるから事故になるという思想が日本人の根本にあるからだ。

過程で担保するプロセス認証

だからこそ、絶対安全という建前を明確に捨てることが、社会をより安全に近づけるために重要であるとされ、技術分野における安全哲学の大転換となったのである。しかし残念なことに、日本は技術の具体論には長《た》けているが「口に出さないでも現場の阿吽《あうん》の呼吸でコンセンサスができてしまう」という「長所」のために、この種の哲学論議を他人と戦わせるのは不得意だ。そのためか、このISOでの機能安全の規格制定をリードしたのはその種の哲学論に長けた欧州勢が中心で、安全分野で以前は雄弁だった日本はまったく存在感がなくなっている。

複雑なシステムでない——例えばネジなら基準となる強度や腐食耐性等の規格を定め、完成品の抜き取り検査などで、それが満たされているかをチェックすることで安全性を保証できる。つまりは、ある条件内で使うなら安全だと言える。しかし、複雑なシステムでは、そもそも設計にミスがあり、1個のネジに想定外の力がかかるということもありうる。そうなれば、全体としては安全でないことになる。

そしてプログラムのデバッグのように、複雑なシステムではどんなに完成品を検査しても想定外を完全に取り除くことはできない。絶対安全を捨てるというのはそういうことであり、そうなると「速度」などと違い「安全度」を事後検査で測定するのは不可能ということになる。ではどうするか、ということで打ち立てられた概念が「プロセス認証」だ。

完成品を検査することで基準通りの仕上がりであることを認証するのでなく、それを作る過程が基準通りの手順を踏んでいるかを確認し、それにより完成品がある「安全度」に達しているとみなす」という考え方で、従来的な工業基準からすると異質だ。

しかし、例えば鉄道の運行で「指差し確認」をちゃんとやっているかなど、製造でない運用の現場の安全管理ではむしろ一般的な考え方だった。完成品はその開発・製造プロセス全体の運用の「結果」だとするのが、このプロセス認証による機能安全という考え方なのだ。

ＩＳＯの品質マネジメントシステムに関するＩＳＯ９０００シリーズは１９８０年頃から規格化が始まり、それ以降プロセス認証の考え方が大々的に採用され、その後１９９６年に環境マネジメントのＩＳＯ１４０００シリーズなどに展開した。日本企業もそれらの認証を取るために奔走したことを、当時の現場の方々は覚えておられるだろう。

それらのプロセス認証では、品質管理会議を月に何回やるかとか、これこれの書類を毎回揃えているかなどが求められた。結果としての品質は高いと誇ってきた日本企業の技術者からは、「なぜこんなことをやらされるのか」「会議だけ増えて面倒なだけ」といった不満を当時よく聞いたものだ。「阿吽の呼吸による品質管理」を得意としていた日本メーカーにとって、これは思想の転換であり大きなショックだったわけだ。高品質の日本製品に対する、欧米勢の搦《から》め手からの反撃だという声も聞かれたくらいだ。

機能安全の分野も欧米——特に欧州が主導権を握っており、ＥＣ指令2006/42/EC により２０１２年から欧州で販売されるほぼすべての産業機器で機能安全規格への適合及び第三者機関による認証が必要になっている。その後も制度設計力の関係で、欧州旧宗主国の動向が大きな影響力を持つ旧植民地を中心に賛同地域を広げ、日本の企業が欧州やアジアに輸出するにも、ほとんどの機器で機能安全の取得が必須な状況になっている。

一般にひとつの製品開発プロセスで機能安全認証にかかる費用は7億円、期間は数年かかるという。認証機関はほぼドイツの企業であり、日本企業は認証取得時に情報提供や工数、費用なども多くかかるという問題も指摘されている。ものづくり日本が金科玉条としてきた「製品が良ければ売れる」というのは、もはや過去の話なのである。

食の機能安全

食の安全の分野で、この「機能安全」の考えを採るのがＨＡＣＣＰ（Hazard Analysis and Critical Control Point、ハサップと読む）である。これは食品を製造する際、工程の中の危害を起こす要因を分析し、それを最も効率よく管理できる必須管理点を定め、そこを連続的に管理して安全を確保するという管理手法で、世界の主流になってきている。

ここでも、ポイントは「安全な食品」という概念の否定である。つまりプロセス全体で安全度を高めるように、工程ごとに明確な指示書を作り、それを守ることが安全度を決定するという考え方である。付着した細菌数などの結果としての「安全な食品」の基準を定め、それに適合しているかを審査するのでなく、あくまでその製造プロセスを規格化し、それが守られていれば、結果として生まれる食品はある安全度を達成している「はず」という考え方だ。

日本でもＨＡＣＣＰの考え方は、厚労省の総合衛生管理製造過程などに一部取り入れられてきているが、やはり馴染んでいない。以前激安焼肉チェーン店でのユッケの食中毒事件が起こったが、そのときに社長が反論で言った「生食用の規格の牛肉は流通していない」という言葉もその表れだろう。従来の結果論的な日本の食品安全規格の考え方で、「生食用の肉」を定めるなら、「表面の細菌が何個まで」というような規格で決めることになるから、それに引っ張られているのだろう。

しかし、当然肉の表面の細菌数は処理と環境により時々刻々と変わっていくから、そういう定義は不可能だ。実は世界に冠たる鮨《すし》文化に代表されるように、長い付き合いでの信頼をベースに、明確な指示書などなくても、生産者から流通までのサプライチェーン全体で鮮度を維持し、調理前にも状況に応じて表面をトリミングしたり、タタキのように炙《あぶ》ったりする――長い間に痛い目にあってきた経験をもとに、生をより安全に食べる不断のプロセスを、我々日本人は生み出してきた。ただ問題は、そういう伝統がそれぞれの現場の人の伝統で維持されるもので、明文化されていないことが多いことだ。

例えば以前、食品トレーサビリティ（流通による移動の把握）で築地《つきじ》市場の情報化を検討するため調査したことがあるが、統一台帳などもなしに、分単位でフロア内の置き場所の定義をあるときは鮮度、あるときは等級などと読み替えて、関係者が暗黙のうちに協調作業しているのに驚かされた。

狭い市場で時間に追われる中での鮮度管理のために、長い時間をかけて最適化した――まさに集団での職人技。当然それは明確なマニュアルがあるわけでなく、いわば仲買業者の師弟関係の中で身に付けていくという「秘伝の技」だ。豊洲への移転への反対の一部には、それらの市場の構造と深く結びついた秘伝の技が、新しい場所で使えなくなるという、伝統を守りたい方々の反発もあったという。

とにかく、そういう鮨やふぐの職人なら誰でも知っているような暗黙知を、伝統を持たない激安焼肉チェーンの社長が文書化されていないからと、コストダウンのために切り捨てた。

そしてその理由が、「業者がユッケ用といって加工してきたから安全と思った」というのなら、まさにこの社長が日本の暗黙知の伝統と明文化の流れの矛盾に気が付かなかったというのが、事件の根本原因だろう。

変化の速い現代において、まさに「激安ユッケ」のような伝統のない新しい分野が生まれるとき、当然暗黙知による安全度確保は働かない。そうである以上、明文化されたプロセス認証であるＨＡＣＣＰの導入は必要であり、そのためにも「安全がまずあり毀損されて危険になる」のではなく、「安全度を上げる不断の努力の連鎖の維持」のみが本質であるという意識改革が必要なのだ。

民主主義の本質は諦観

安全度ということでいえば、火力発電はもちろん風力や水力ですら危険はある。火力発電からは二酸化炭素が当然出るし、微量だが発がん性物質も出ている。風力発電の風車の羽根が折れて飛散したとか、ヘリコプターが接触したといった事故も、実は結構多い。低周波による健康被害もある。発電所関連の被害ということなら水力がダントツだ。１９７５年の中国でのダム連鎖決壊事故では、直接の被害で数万人が死亡、その後数十万人が食糧問題や感染症により死亡したとされる。

世に絶対安全がない以上、やるかやらないか、どこまでコストをかけるかということは、事故想定確率とその被害額を掛けた値と、社会的なものまで含めた経済の天秤によるしかない。

原発の安全対策にしろ、地震予知にしろ、わかってきたのは科学から得られる知見には常に限界があり、経済的にもやれることの限界があるということだ。結局すべてが、あちらを立てればこちらが立たずという話であり、これが「絶対正しい」という楽な判断はありえない。

最近良く言われるＳＤＧｓ（持続可能な開発目標）に関しても、17ある目標同士の多くがあちらを立てればこちらが立たずになっているという矛盾が指摘されている。今困窮している多くの人々の生活の改善は、どうしても地球環境に多大な負荷を与えるからだ。特定の目的だけを正しいとして目指すのでなく、「危険な地球環境の悪化」と「危険な困窮」のどちらにも陥らないように、すべての目標を「程度の問題」として俯瞰《ふかん》し、全体のバランスを取ることのみを目標として目指すという「リジェネレーティブ」とか「ドーナツ経済」といった考え方が、ＳＤＧｓへの反省の上で語られるようになってきたのもそのためだ。

「絶対正しい」という楽な判断はないからこそ、政治家や専門家に任せっきりにするのではなく、皆が自分で判断する姿勢が大切になる。それには当然科学技術的教養が必要になる。そのための知識が容易に得られるようになったのも、今の時代だ。「ベクレル」や「シーベルト」といった専門用語が飛び交っても、わからないことがあったらインターネットを使って自分でいくらでも調べられるのだ。

そして、なぜ皆が判断に参加すべきかというと、国民みんなで判断したら正しい判断ができるからではない。どんなに精査しても「絶対正しい判断」というのはできない。だから誰か「偉い人」に任せればいいということでなく、皆での判断なら、その結果が悪くても自ら決めたこととして皆で甘受するしかない——そういう諦観《ていかん》が民主主義の本質にあるということだ。

「正しさ」の天秤

イギリスの物理学者で小説家のC・P・スノーは、同じ国の中で文系的教養と理系的教養の文化圏が互いを軽視し対立してしまっている社会状況を指して「2つの文化」と言った。まさにその2つの文化の間で、個人だけではなく、社会までもが揺れ動くのが今の不完全な時代だ。その現代の我々に求められるのは、正しく情報を得ようと努力し、正しい情報が常に得られるわけではないという不安にも向き合いながら、バランス感覚を持って、その中で最も確からしい判断をする、そして、その結果については自らの判断によるものとして受け入れる、という姿勢しかない。そうした科学と感情のバランス感覚のない人――科学万能論者でも、科学否定論者でも、そうした人ばかりになれば世界は崩壊してしまうだろう。

さらに放射能のようなよくわかっている物理現象と違い、生物は少し前提が変わるだけで大きく異なる「新型」になりうる。新型コロナについても当然、発生の初期に正しい情報を、科学的にはっきり言える人はどこにもいなかった。では「正しく恐れる」の言葉が無力かというと、それも正しくない。ここで常に頭に置くべきなのが、何度も上げている「程度の問題」という言葉だ。

例えばマスクの有効性について、当初、感染症の専門家で「WHOの言うように効果がない」という人もいたが、「口鼻周りを触る頻度が減るとか、少しでも効果はあると思うので、した方がいい」という人もいた。しかし公衆衛生の専門家は、おおむね「院内感染を避けるための医療関係者のマスクや、高齢者のマスクが手に入らない状態はまずいので、健常者は手洗いの徹底でいい」という意見が多かった。

「少しでも効果があるなら、した方がいい」というのが感染症専門家にとっての「正しさ」であったとしても、公衆衛生の専門家は「本当に必要な人のために、少しの効果ならやめた方がいい」として、「正しさ」を天秤にかけている。そしてマスクの供給が安定してきた時点で、WHOもマスクの着用を奨励するようになったが、夏になると「熱中症の危険もあるので、マスクは無理にするのでなく体調と見合わせて」という指摘も出した。

「確かな指針」を求める人にとっては不安かもしれないが、結局すべての「正しさ」は、「0か1か」ではなく「程度の問題」だ。これをしていれば大丈夫という絶対安全はどこにもなく、状況に応じてリスクやコストとのバランスで、全体としての安全の確率を上げることしかできないということだ。

「経済より命が大事」と言うのは簡単だが、経済失速で失われる命もある。それを天秤にかければ、エボラなら鎖国でも、新型コロナなら経済を取るというのもありだ。さらにその天秤の

図5-2　C. P. スノー（GRANGER/時事通信フォト）

目盛りすら不確かで、事態は日々変わり、その時々の「正しさ」を選択するしかない状況が続く。

天秤の目盛りたる国民の死生観が違うために、スウェーデンでは老人のリスクより社会活動の維持を重視し、コロナ対策を最小限にしたと言われている。結果として、2021年1月の時点で人口比で日本の20倍近い死者数で、その多くが老人だという。それでも多くの国民が政府の判断を支持しているという。それがスウェーデン国民が判断して選択した「正しさ」だからだろう。

どう判断しても、将来的には間違いとなるかもしれない。唯一言えることは、このように複雑な問題に対し、極端だからこそ単純で魅力的な――「0か1か」の解答を求めることは「絶対」間違っているということだけなのだ。

第6章　程度の問題の科学

程度の問題を科学する

この世のすべては程度の問題だ——とはいえ「だから、確たることは何も言えない」となってては、何の判断も下せなくなる。例えば貨物船の設計で最大積載量を決めるとき「千トン積めるなら、さらに10キロぐらい多く積んでも、程度の問題的に大丈夫だよね」というのは——最初の10キロについては、確かにそうかもしれない。しかし「ならもう10キロ積んでも大して変わらないし」といったことを繰り返していけば、どこかで破綻《はたん》するのは明らかだ。安全と危険との境目がグレーゾーンで連続しているとしても「危険」な状態というのは確かに存在する。

科学研究——例えばある薬が効くか効かないかという判断をするとき、少し結果が良かったという程度ならその実験での偶然かもしれない。その薬を使わないときと比べて、どの「程度」の良い結果が出たら効果があると判定するかを「程度の問題」という言葉で済ませては、薬の開発などできなくなってしまう。こういう問題を感覚的に判断するのは危険だ、なぜなら楽観的な人と悲観的な人で結論が変わってしまうからだ。

そこで技術設計や科学研究の手順では「程度の問題」を科学的に分析するということを行っている。そのための学問分野が「統計学」であり、「統計」というのを単にデータを集めて数えて平均を出す程度の行いと捉《とら》えるのは大きな間違いだ。どの「程度」良い結果なら、その薬に本当に効果があったと判断するか——新型コロナのワクチンのニュースなどで出てくる「統計的に有意な差が認められた」はそれを意味している。

そこで本章では、新型コロナウイルスにまつわる「程度の問題の科学」を解説してみたい。現在進行系の新型コロナウイルスについて、筆者は生物医学系の専門家ではないので、科学に関係するものとしての一般論しか言うことしかできないが、「正しく恐れる」ことが重要であると同時に、その実践がなかなかに難しいケースとして「程度の問題の科学」を解説するのに適した例であるからだ。

新型コロナウイルスに関わるベイズ統計

新型コロナウイルスのPCR検査について「日本は検査数が不自然に少なすぎるのは、感染者数が増えないように、わざと検査していないのではないか」というような陰謀論を、本気で信じる人がいた。そうした人は「希望してもPCR検査してもらえない」とか、「全員にPCR検査をして陽性の人を隔離してくれれば、他の人に感染させないので安心でき、皆が普段の生活ができるのにどうしてしないのか」と考えて不信感を抱いていたため、陰謀論に傾いてしまったのだろう。

しかし、検査を希望した人にはどんどん検査すればいい、というのは科学的に間違っている。単にコスト面だけでなく、積極的にやらない方がいい理由がある。筆者は感染症の専門家ではないが、科学的な証明のためのデータの統計的評価という基本原理については、感染症でも他の科学の分野でも同じだ。

専門的知見については、ぜひネットで医療関係者――特に感染症や公衆衛生の専門家のツイートやブログを探して読んでいただきたい。テレビ出演が多いからだけでは、残念ながらその人の信頼度評価基準として適切でないだろう。多くの場合、一般受けする発言をするというだけの基準で選ばれることもあるからだ。ネットならその発言を、他の多くの専門家がどう評価しているか、検索やリツイートをたどればクロスチェックすることができ、それにより医療関係者のコンセンサスがおのずと見えてくる。

実は、このように「信頼度をいろいろな手段で順次高めていく」ということこそが、データの統計的評価の基本だ。さらに、その根底にあるのが、「正しさは確率だ」という「ベイズ主義」という考え方である。元は統計の分野だが「正しさとは何か」という哲学的な話でもあるため、「ベイズ主義」「ベイズ哲学」などとも呼ばれ、過去にはその考えに納得できない人との間で多くの論争があった。しかし様々な工学分野で実証され、ＡＩや機械学習の重要な原理ともなっており、いまベイズ統計学の有効性を疑う人はいない。

例えば、複数犯による犯罪が起こり、近くにいた人を捕まえたとき、その人が真犯人であるかどうかを考えてみよう。神の視座から見れば犯人であるかないかは確定事項だが、神ならぬ人は証拠を積み上げ、犯人という確信——つまり、確率を高めていく地道な捜査をするしかない。

一般に検査には「感度」と「特異度」という概念がある。犯罪捜査で言えば、感度は「捜査で真犯人がクロとなる確率」、特異度は「無罪なら捜査でシロとなる確率」だ。この２つはまったくの別モノで、例えば感度が高く、特異度が低い捜査は、真犯人も捕まるが、冤罪《えんざい》も多数生むことになる。逆なら、冤罪は生まないが、真犯人がすり抜けることも多くなる。両方１００パーセントは神の視座であって、そんな捜査はありえない。

だから犯罪捜査では、アリバイや動機、目撃証言など、様々な条件で犯人を絞り込んでいく。その過程で「真犯人である可能性」がどんどん高くなり、それが裁判官も認めるぐらいになったという時点で逮捕に踏み切る。

この「絞り込んでいく」過程で、「真犯人である可能性」——「正しさの確率」がどう変化していくかを、先の感度と特異度から計算するのが、ベイズ推定の基本の考え方だ。

感度、特異度、陽性反応適中度

ここで重要なのが、すべての検査に言えるのだが、「陽性反応適中度」という指標だ。これは捜査の例で言えば、クロとなった人の中にどれだけ真犯人がいるかという割合である。同じ捜査手法をとっても、捜査対象の中に真犯人が含まれている割合（これを「事前確率」という）により、結果が大きく変わるというのが、感覚的にはわかりにくいが、重要なポイントだ。

例えば、目撃者への「面通し」は——本当は警察もデータに基づき捜査をするということで、過去のデータから指標を割り出せばいいが、実際はしていないので——ここでは例えば「感度70パーセント、特異度90パーセント」ぐらいとする。変装などで騙《だま》されることもあるが、明らかに違うならわかるということでこのように仮定している。その上で、犯人グループの人数が10人で、手段や動機で最初の容疑者1０００人から絞り込んだ容疑者30人に対し、面通しを行う。すると、真犯人10人のうち感度70パーセントで7人がクロ判定になる。一方、特異度90パーセントで無罪なのにクロ判定がでる確率が10パーセントだから、真犯人でない無罪の20人のうち２人がクロ判定になる。クロ判定が７＋２で９人のうち真犯人は７人含まれているので、陽性反応適中度は７／９で77・８パーセント――この確率なら裁判所も家宅捜索令状も出すだろう。

しかし、これをまったく絞り込んでいない捜査初期段階で１０００人に同じ目撃者への面通しをやったらどうなるか。真犯人10人のうち、感度70パーセントで７人がクロ判定になるのは変わらないとして、真犯人でない無罪の人は９９０人いるから、10パーセントの99人がクロ判定となる。クロ判定が７＋99で１０６人、そのうち真犯人は７人しか含まれていないので、陽性反応適中度は７／１０６で６・６パーセント。

これで家宅捜索したら関係ない人を多数巻き込み、人権問題にもなって大変なことになる。家宅捜索令状はまず出ないだろう。もし出してしまうと、延々と続く面通しで証人は疲れ果てていい加減になり、捜査チームも大量の家宅捜索で、やるべき他の絞り込み捜査もできなくなる。

つまり、ここでいう面通しのような感度が低く特異度は高い捜査手法は、他の手法で十分に絞り込んで、最後に確定診断するために使うべきで、容疑者１０００人を30人に絞り込むような初期のふるい分け――「スクリーニング」には、特異度が低くても感度だけは高い

「感度99パーセント、特異度60パーセント」のような手法を採るべきということになる。

ここまで来たら気づくかもしれないが、問題のＰＣＲ検査は、まさにこの目撃者の面通しと同じことなのだ。大規模検査は、大量の偽陽性――冤罪を生み、本来なら必要ない人に医療リソースを浪費することになり、冤罪の本人にも、医療体制側にも、何もいいことはない。

実際、武漢《ぶかん》市で最終的に作られた診断チャート――これはコロナの初期の段階で、大量の感染者が出たため多くの臨床知見により作られたものであるが、問診や呼吸音の診察や、さらにＣＴ（コンピュータ・トモグラフィ）などで十分絞り込んで、事前確率を上げてから、ＰＣＲ検査は最後の最後の確定診断時に使うこととされている。

ちなみに日本は世界でもＣＴが最も整備されている国であり、人口あたり米国の3倍、英国の10倍ある。しかも保険で使える。日本のような保険制度のない国でこれを使ったら大変な金額の請求書がくる可能性がある。ＣＴの感度は高い。最近ニュースを見ていたらＣＴでコロナの疑いがあり、ＰＣＲ検査をしたら陰性だったが最終的には偽陰性で陽性、つまりコロナであったと言う例が報告されている。

ＣＴは感度が高いが特異度は低く、スクリーニングに向いている。が、日本でないところではＣＴの数は少なくできないであろう。

コストとリスク

ＰＣＲ検査は「感度70パーセント、特異度90パーセント」のわりに、手間もコストも、さらにリスクも高い。親子鑑定のＤＮＡ判定とは大違いで、喉《のど》や鼻の十分奥から検体を取らないと、発症からの日数にもよるが、感度は簡単に落ちるし、奥に綿棒を突っ込むと空えずきで、それこそエアロゾル感染のリスクまである。少なくとも手袋は患者ごとに替える必要があり、さらに替える過程で間違えると感染や検体汚染しかねない。ＲＮＡウイルスなので、活性のあるまま検査センターまで運ばないといけないし、ＰＣＲ検査までの前工程もＤＮＡの検査より複雑で、何工程もありここにも感染リスクがある。

さらに検査数を上げるため、無理させれば当然ミスも起こり、感染リスクも上がる。検出されたら、検査室や検査機器をクリーニングしないと、ほんの少しのウイルスのかけらでも次の検体の判定に影響し特異度が下がってしまう。実は日本の新型コロナの検査で使われているＰＣＲの特異度は、検査機器の自動化もあり、原理的に１００パーセント――つまり冤罪はありえないと言う専門家もいる。

しかし実際には、臨床検査技師などの現場の実感は１００パーセントではないという。その理由は、ＰＣＲ検査の検体採取からパッケージング、輸送まで含めた、実際の検査までのすべての工程を通して「検査」というか、最後の検査工程だけで「検査」というかの違いだ。「コンタミ（検体への汚染）がなければ、特異度は１００パーセント」というのは単なる理想論。多くの人間が関与して大量の作業を行えば、すべてのプロセスで間違いゼロはありえないのだ。

ＰＣＲでは簡易検査キットも話題になるが、これは目撃者の証言から似顔絵を描いて配るような話で、似顔絵師が特徴の摑《つか》み方に失敗すれば、さらに感度も特異度も落ちる。

もちろん、重要なのは感度と特異度だけでないことは、このたとえでもわかるように、その手法がどれだけ手間やコストがかかるか、そして感染などのリスクがあるかという観点も大きい。先の犯罪捜査のたとえでいえば、目撃者に負担をかけず、真犯人の顔が監視カメラに記録されていて顔認識ソフトのようなものが使えれば初期捜査で使えばいい。同様に手間やリスクやコストが大きく下げられる、より良いＰＣＲ検査手法の研究をするべきだ。また、十分な絞り込みがされた集団に対してさえＰＣＲ検査が行えないほど検査体制が足りていないなら増やすべきだ。

特異度が90パーセントは論外だが、いくら高くなったとしても、国民全員にＰＣＲ検査を受けさせるのは非現実的だ。たとえ特異度が99・99パーセントになったとしても、1億2千万人を対象にすれば1回の検査で1万人ほどの偽陽性を生む。数百人の陽性者が出て大騒ぎする日本で、1万人ほどの偽陽性者が出たら隔離政策はパンクする。しかも1億2千万人に検査するとすれば、医療資源を検査に全振りして、米国並みの1日数十万件という検査をしても、1年近くの時間がかかる。

当然1年もかかってしまうと、一度は陰性になっても、この期間の後半までに感染する人が出ることは避けられないから、検査が終わったときに、それで何かが証明されているわけでもない。また検査したらしたで、その分の見返り――入院でも特効薬でも、を求めるのが人間の性《さが》だが、偽陽性を含む陽性者全員――1億2千万人に検査すれば数百万人出てもおかしくない――を入院させるわけにもいかず、今（2021年1月時点）のところ一発で効く特効薬もない。

「検査して隔離」を完全に行うためには

「全員をPCR検査して陽性者を隔離すれば、感染を抑えられる」ということを安易に言う人は「検査して隔離」を完全に行うために何が必要か――そして100人でできることと、例えば東京都民全員でできることには、本質的な違いがあることがわかっていない。

１００人を「検査して隔離」するのには、まず対象の１００人がいたとして、同じ人数入れる大部屋と、陽性者を個別隔離するための隔離部屋が感染者の見積りの数倍――真の感染率が大目に見て3パーセントとして、１００人中感染者が３人と見積もって10室程度あればいい。

まず１００人を順次検査して陰性者は大部屋に移す、陽性者は1人ずつ隔離部屋に入れる。隔離部屋の陽性者であっても2週間経過観察して発症しなければ、偽陽性ということで外に出していい。

では、大部屋の陰性者はそのまま出していいかというと、偽陰性で検査をすり抜けた人と一緒にいて二次感染している可能性もあるので、やはり外に出すわけにはいかない。それで2週間経過観察して誰も発症しなければ大部屋の人を外に出し検査は終わりだ。もし誰か発症すれば、大部屋に対し最初の手順を繰り返すことになる。こうやって検査を繰り返せば、陰性者の中の偽陰性者を「蒸留」して減らしていくことができる。

検査の感度70パーセント、特異度90パーセントで、１００人中に真の感染者が３人いた場合なら、最初の検査では1人の見逃しの偽陰性者が出て大部屋で発症する。そこで2回目の検査を行うことになる。経過観察中に１人の発症者から大部屋で他の人に感染させるのが１・４人程度なら、おそらく2回目の検査で「蒸留」したあとの大部屋からは新規の発症者は出ずに清浄化完了できるだろう。

もちろん、偽陰性者による二次感染を防ぐため、大部屋なしに最初から１人ずつ別の部屋に入れることもできる。しかし、よく考えるとそれだけの個室が用意できるなら、陽性者も陰性者も関係なく一人ひとり最初から2週間隔離して経過観察するだけで、そもそもＰＣＲ検査は不必要なのだ。基本2週間隔離して観察し、発症しないことこそが最高の検査だからだ。対象が１００人だけなら１００室の隔離部屋に、問答無用で2週間隔離して観察し、発症しなければ外に出し、発症すればそのまま隔離治療とする。そうすれば、ＰＣＲ検査などなくても完全に感染を抑え込める。

武漢のように強度のロックダウンを2週間というのは「問答無用で全員隔離で2週間観察」戦略に近いことを目指したことになる。発症者が出なくなるまで強度のロックダウンを続けられれば効果はあるが、逆に言えば新規の発症者が1人でも出続ける限り、ロックダウンを続ける強権がなければ不可能だ。よく考えるとこの戦略であれば、感染抑制という観点から、ＰＣＲ検査をしようがしまいが、大きな違いはなかったということになる。

日本では「問答無用で全員隔離で2週間観察」ができないから、「PCR検査で陰性者は大部屋」戦略を採るとする。理論的には東京都区内927万人に、感染者が同じ割合の3パーセントで28万人ほどいたとすると、100人のときと同じやり方ができれば、15回程度の検査サイクルで新規の発症者をゼロにして清浄化できる。ただしこれにはニューヨーク並みに、1日7万件という検査をしても、1サイクルに130日近くの時間がかかるから、総検査日数は2000日——ほぼ5年かかる。これだけでも非現実的だとわかる。

しかも実際には、927万人の大部分がそうなるであろう、検査後の陰性者を一度に入れられる大部屋は作れない。そうなると100人のときはできていたように、順次検査し大部屋に「蒸留」するということはどうやってもできず、検査済みの人も社会に戻し、未検査の人と一緒になることになる。1回の検査サイクルに130日近くの時間がかかるから、検査した人が次の検査サイクルまで閉じ籠《こ》もるのは非現実的で、そうなるとどうやっても、検査済みの人への感染が起こり、検査サイクルは増える方向に行くはずだ。

また、この検査サイクルの必要な回数については、見逃されて社会に戻る偽陰性者の数のみが二次感染者数を決めるので、問題になるのは感度のみだ。特異度については諸説あるものの、感度は現在のところ大きな改善は見込めていない。また、もし感度が90パーセントという理想的な検査が開発されれば、清浄化までの検査サイクルは減るものの、それでも７回で２年ほどかかりそうで、劇的改善も望み薄だ。

これだけ問題があっても、人間には曖昧《あいまい》さ回避の性向があり、検査でシロクロはっきりするなら、たとえクロになっても検査してもらいたいという人がいる。実際、いまだに事前確率を無視して、ＰＣＲ検査自体を目的化して増やせ——全員にしてもらって安心したいと主張する人がなくならない。

「正しさ」を程度で判断するしかないハードな状況が続く。つい「０か１か」の解答を求める気持ちもわかる。しかし残念ながら、そんなものはないし、求めること自体が状況を悪くするなら、それは間違いと言うしかないのだ。

ベイズ推定からＡＩへ

新型コロナを例にとって、ベイズ推定について説明してきたが、先に述べてきたように現在主流のＡＩは、まさにこの「正しさは確率」、「すべては程度の問題」というベイズ論理学の申し子といっていい。

現代コンピュータの基本原理は、電子のスイッチのＯＮ／ＯＦＦが逐次的に動くことで処理が進んでいく、「真か偽か」という古典的二値論理が基本となっている。この「ON／OFF」を「0か1か」の2進数のひとつの桁《けた》とし、それを何桁も並べて多桁の2進数にし、数を表現することで、0か1でない小数点の入った「3・141592」といった多様な数も処理できる。電子計算機と言うぐらいで、当然それら小数の四則演算もできる。それによって「2つのサイコロが1のゾロ目になる確率は1／6掛ける1／6で0・02777……」といった確率計算も可能だ。例えば図形も、0を白、1を黒として縦横に並べることで真似して表したり、処理したりできるのだ。こうしたものをシミュレーション(Simulation)といい、あらゆるメディア——音、写真、絵まで表現し処理できる。「真か偽か」の古典論理学で動くデジタルコンピュータの上で、「正しさは確率」というベイズ推定の計算ができるのもそのためだ。デジタルコンピュータの上で実現されている現代のAIだが、実は一般に思われているコンピュータとはまったく違う原理のシステムを、デジタルコンピュータの上で大量の数値計算によりシミュレートしている——一般の方にわかりにくいのは、コンピュータのこうした部分だろう。

人間のチャンピオンを破り驚かされた「アルファ碁」を始めとして、今その可能性に注目が集まっているAIは、一般に「ディープラーニング」と呼ばれるタイプだ。そのブレーク

（左）図6-1　ジェフリー・ヒントン（NOTIMEX via AFP）
（右）図6-2　アンドリュー・ング（AFP＝時事）

スルーとなったのが、当時カナダのトロント大学のジェフリー・ヒントン教授の書いた2006年の論文だ。「層が深いニューラルネットワーク」を総称して「ディープネットワーク」と呼んだ。

その重要性にすぐ気が付いたのが、かつて中国の検索大手「百度（バイドゥ）」に所属していたアンドリュー・ング氏。2007年に「高次元データの階層的な表現の学習」に「ディープラーニング」という言葉を初めて用いる論文をスタンフォード大学で出している。

そして2012年に、ILSVRC（ImageNet Large Scale Visual Recognition Challenge）という画像認識のコンペティションで、ヒントン教授のグループが「ディープラーニング」を使い、一気に10パーセントを超える認識率改善を成し遂げ、研究者を驚かせた。このテストは、様々な猫の写真を見せて、それをちゃんと猫と認識するか、逆に犬の写真を猫と間違えないか、というものだ。様々な専用アルゴリズムを使って対象を認識する従来の方法では、ベストなものでも27パーセント程度のエラー率であった。

それが、ヒントン教授のSuperVisionというシステムが、15・3パーセントのエラー率を達成してぶっちぎりで優勝した。それまでは、毎年1パーセントエラー率が下がるという程度の改善トレンドだったので、いかに大きなブレークスルーだったかわかる。その結果、翌年にはILSVRCに出てくるほとんどのシステムが、ヒントン教授のディープラーニング方式になってしまった。

その後に音声認識や翻訳などまで展開される「ディープラーニング」だが、基本は画像認識から生まれたということが重要だ。「犬は吻（ふん＝口先の突き出した部分）が長く、猫は吻が短い」とか、「犬は足が長く、猫は足が短い」とか、犬と違う見た目の特徴の条件をいくら積み上げても、それによる論理的推論は「吻の短い犬」とか「足の長い猫」などの例外がひとつでるだけで破綻する。さらに、古典論理的推論では、「足の短い」をどう定義するか――「体長の25パーセント以下」や「真か偽か」に分けられるような定義が必要だ。

では「体長の24・9パーセント」ならどうするか。うまくいかないのは明白だ。実際人間が見ても「猫らしい犬」なのか「犬らしい猫」なのか、わからないケースはあるのだから、そもそも正解は存在しない。それでも、人間なら「猫らしさ」を前提に判断し行動できる。

つまり画像認識は、問題自体が典型的なベイズ推定的な分野であり、当初より他のＡＩと違う研究分野として発展した。そのため三段論法型でなく、早い時期から網膜と視覚神経網を真似ようというアプローチで研究され、それが第２章でも触れた「パーセプトロン」になるのである。

ディープラーニング

複数の経路からの０か１かの入力をうけ、それを数値データとして出力する仮想的な素子を考える。加重和とは入力データがx_1、x_2、x_3の３個あるとき、重みづけが１、３、６になっているなら、$x_1 \times 1 + x_2 \times 3 + x_3 \times 6$を計算するというものだ。この場合、$x_3$の値が$x_1$の６倍重く計算結果に反映されることになる。この計算した総和を「４以下なら出力は０、超えていれば１とする」のようにしきい値で評価することで、（x_1、x_2、x_3）という入力を与えたとき、０か１かの出力により「与えられたデータがＡなのかＢなのか」というような判定ができるようになる。それが「単純パーセプトロン」だ。入力数は同じ数の重みづけがあればいくつでもいい。

実際にはx_1、x_2、x_3のデータだけでなく固定のバイアスも加える。例えば先の総和にさらに＋2とかするのがバイアスだ。このバイアスが大きければデータによらず評価結果を偏らせることができるわけで、まさに「バイアス」だ。

とにかくポイントは、この図で言えば重みづけの「×1」と「×3」と「×6」とバイアスの「＋2」、しきい値の「＞4」であり、それらが各パーセプトロンの性質——評価基準を規定する。

しかし、これだけでは判定が単純すぎる。例えば、データの性質がある範囲に収まっていてほしくて、過剰でも過小でも間違いというような判定をしたいときは、過剰を判定するパーセプトロンと過小を判定するパーセプトロンに同じデータを与え、その結果をさらに別のパーセプトロンで判定する。このように複数の単純パーセプトロンをさらにパーセプトロンで束ねたものが「多層パーセプトロン」だ。

実は人間の脳を構成する神経細胞であるニューロンもこのパーセプトロンと似た性質を持っている——というより、人工ニューロンを作ろうとして考えられたのがパーセプトロン。

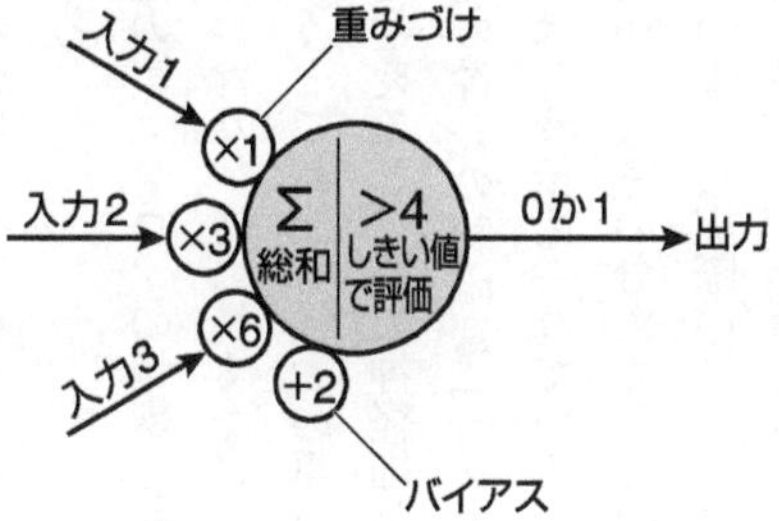

図6-3　単純パーセプトロン

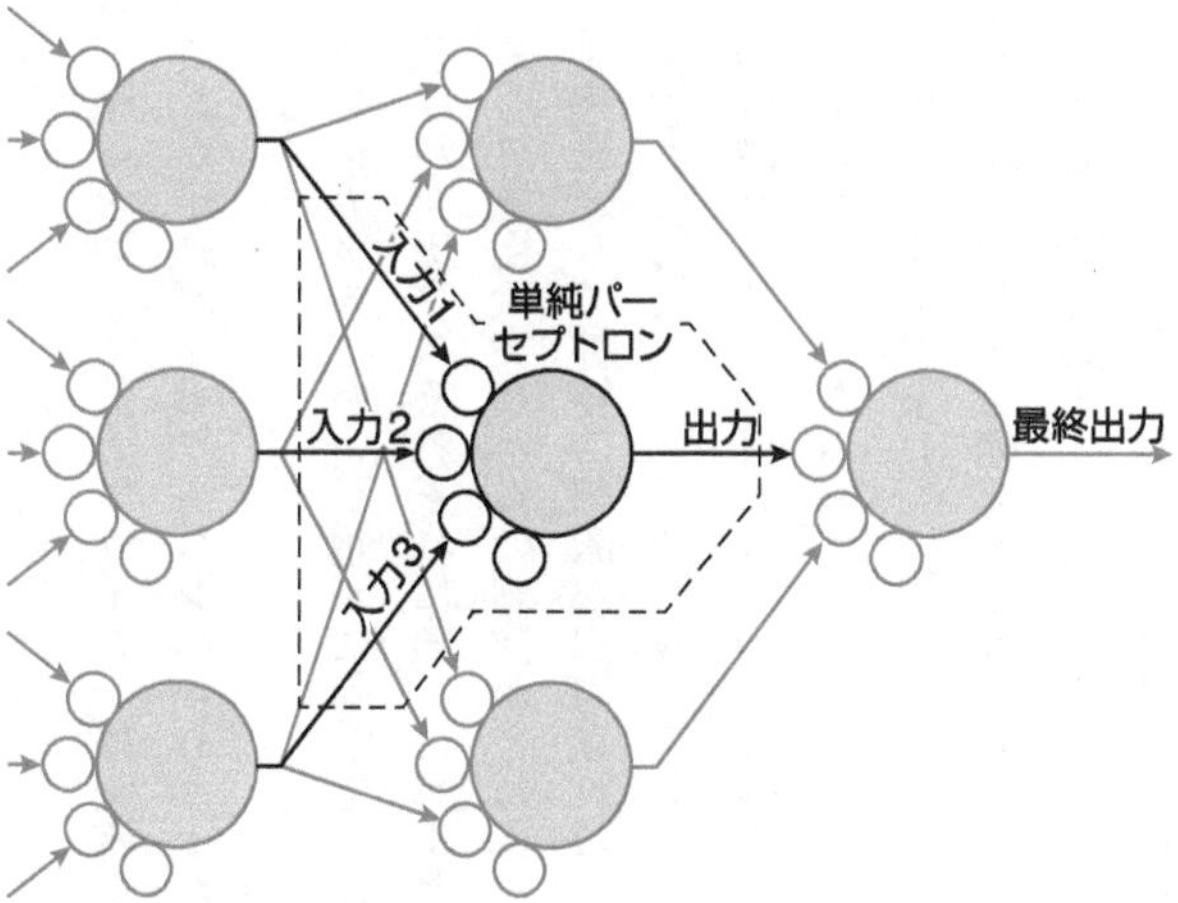

図6-4　多層パーセプトロン

ニューロンは複数の樹状突起と1本の長い軸索よりなり、樹状突起に他のニューロンの軸索が繋《つな》がっている。ニューロンが活性化すると軸索を通して他のニューロンに刺激を送る。神経の刺激は「有るかないか」の二値なのでこれが単純パーセプトロンの「0か1か」の入力になる。

他のニューロンの軸索と樹状突起の接続部をシナプスといい、頻繁に刺激を受けると敏感になったり、逆に鈍くなったりするという感度がシナプスそれぞれにある。パーセプトロンで言うとこれが各入力の重みづけになる。そして各樹状突起からの刺激が合わさってしきい値を超えると、その神経細胞が活性化して軸索を通して神経の刺激が出力されるわけだ。

先に神経の刺激は「有るかないか」の二値としたが、それでは「痛い」と「とっても痛い」はどう伝えられているかというと、その刺激パルスの頻度という形だ。つまり「とっても痛い」はその分たくさんの刺激パルスが来ていることになる。

このような実際のニューロンを真似るには単純パーセプトロンの出力の「0か1か」では単純すぎる。そこで入出力に「0・2」とか「4」の数値を使えるようにし、さらに単純なしきい値による評価でなく、ある値を中心に大きくなるほど1に近づき、小さいと0に近い値になるようなカーブしたグラフの関数（シグモイド関数）や、ある値以下では0だがそれ

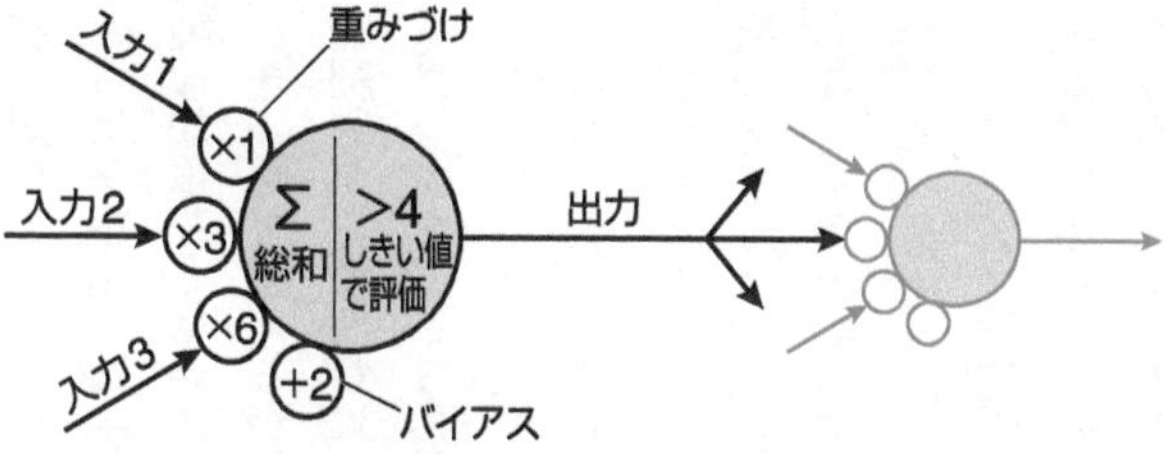

図6-5　パーセプトロン

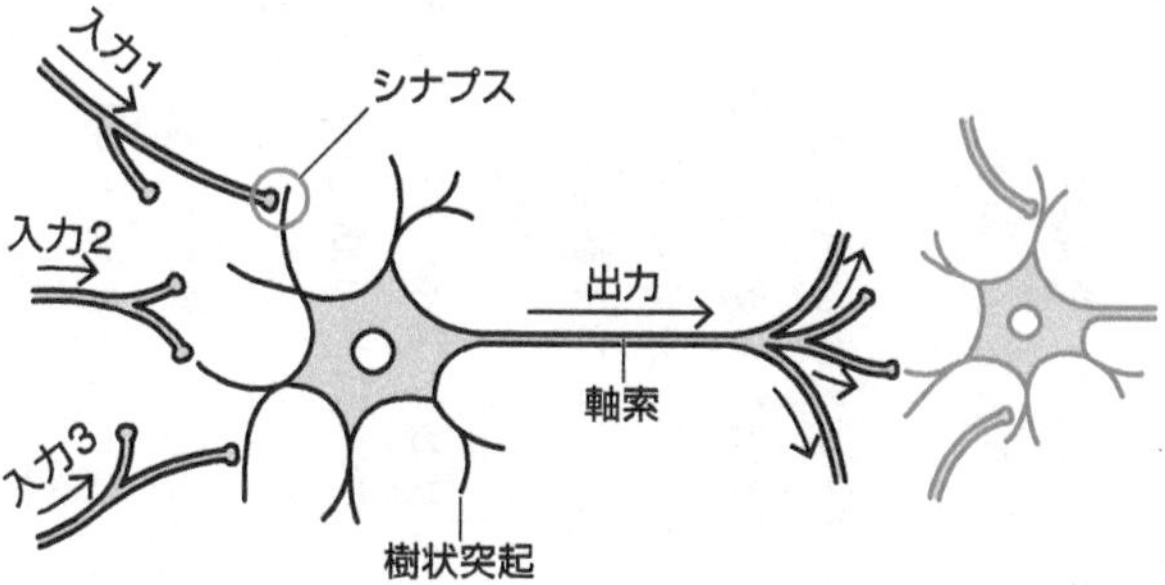

図6-6　ニューロン

を超えると差分がそのまま出力される坂道型のグラフの関数（ReLU関数）など――いろいろな活性化関数で出力を決められるようになった。

この人工ニューロンを多層パーセプトロンのように複数束ね同じデータを与え、その結果をまた人工ニューロンの層に評価させるという入れ子のようなアイデアがうまくいったため、これがニューラルネットワークとして研究されるようになった。

さらにニューラルネットワーク群を層として、そこからの出力を次の層に与えるというような、ニューラルネットワークの1層の人工ニューロン数や層数をさらに多重化した「ディープニューラルネットワーク」が生まれることになった。基本は単純な加重和とはいえ、それが何段にも重なっていて幾何級数的に計算量が増大する。さらにしきい値を超えるか超えないかで「0か1か」決める単純パーセプトロンでなく、生物の神経細胞が持つ性質に沿った活性化関数で「活性化も程度の問題」としたニューラルネットワークなので、さらに計算量は増える。そのためコンピュータ技術が発達するまで、アイデアはあっても実用化できなかったわけだ。

ニューラルネットワークで画像認識を行う場合、画像を細かい点に分解し、それぞれの色を数値データとして最初のニューラルネットワークの層に与える、そしてそこからの出力を次の層に与える。これを繰り返すと、最後の層で猫なら特定の仮想ニューロンが活性化し、犬なら別の仮想ニューロンが活性化するというようになる。それが「猫である確率」になるわけだ。

先のベイズ推定との関係で言えば、多段の神経細胞の中で「このあたりが足」とか、「足が体長に比して短い」とかいった計算が「猫らしさの確率」を積み上げ、最終的な「猫である確率」にまとまるイメージだ。ただし注意が必要なのは、「このあたりが足」というのを、

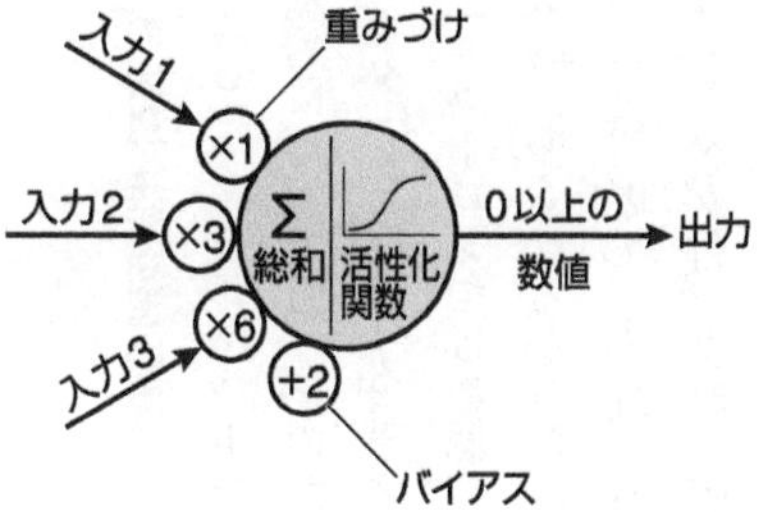

図6-7　ニューラルネットワーク

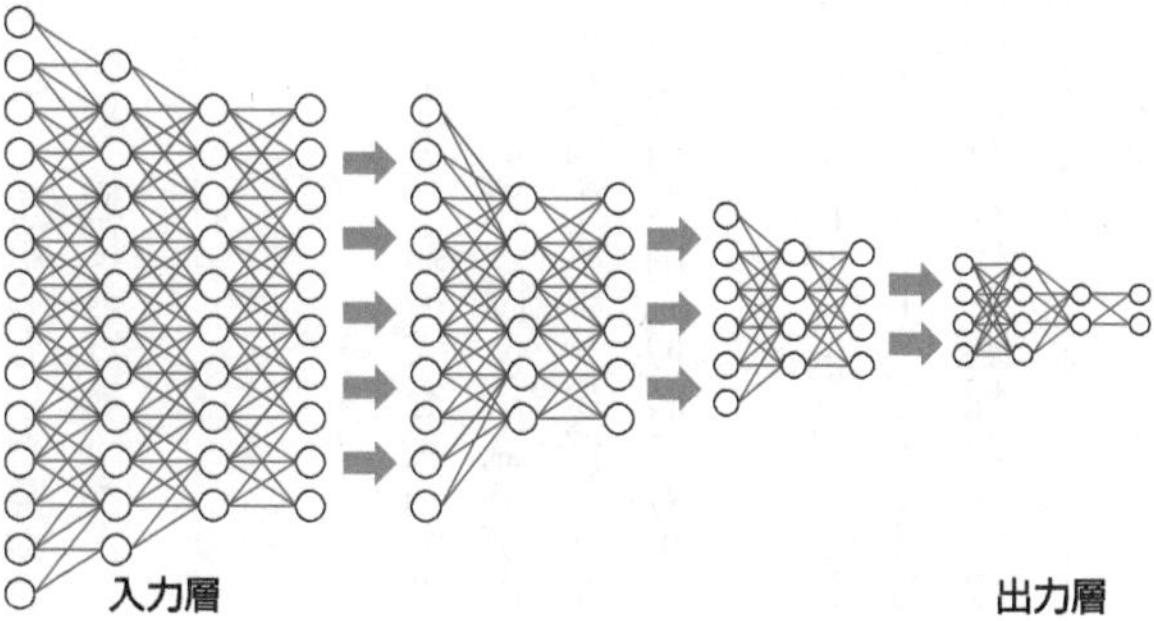

図6-8　ディープニューラルネットワーク

明文化できる論理で割り出しているのではなく、何となくそれらしい計算がこのニューロンあたりに集まっているというようなことしかわからない。逆に言うと、だからこそ人間ですら定義できないような、曖昧な判断をすることができるわけだ。

GPUの大量生産が追い風に

ディープニューラルネットワークでは、人間並みに見事に猫や犬を判別できるのだが、いくら理論的に可能でも、そのためには何千万、何億——最新の画像認識モデルでは10億もの「パラメータ」と呼ばれる重みづけやバイアスなどの数値を決定しなければならない。ひとつの人工ニューロンでは数個のパラメータでも、それを何段階、何層にも束ねていくごとに、幾何級数的に多くなるからだ。

そうなると、とても人間がパラメータを設定するのは不可能である。「これは猫」、「これは犬」などとタグ付けされた画像の大量の正解データ（教師データ）を与えることで、その正解から逆方向にたどって途中のパラメータを自動的に決定する過程が「学習」であり、ディープニューラルネットワークでそれを行うための技術だから「ディープラーニング」と呼ばれる。この手法が確立したことで、ディープニューラルネットワークは初めて実用化できた。だからこそ「ラーニング」と呼ばれるこの学習技術が、現在主流のＡＩの代名詞ともなっているのである。

「猫の特徴をどう捉えるか」といった方式・手順を、人間が考えプログラミングする必要もなく、大量のデータを与えるだけで学習してくれる。しかしその過程には、とにかく大量の計算を必要とする。

一方、一度適切なパラメータがセットできれば、新規の画像を見ても――たとえまったくの新種でも、「猫か」どうかをそれなりに判定できるディープニューラルネットワークが得られる。その「判定」過程は「学習」過程に比べれば順次決められた層の計算を１回行うだけなので、大量ではあるが学習に比べればはるかに限定的な計算量で処理できる。

「学習」過程は、パラメータを調整しながら、よりよい判定結果が得られるように「バックプロパゲーション（誤差逆伝播《でんぱ》法）」といった遡及《そきゅう》的な手法を使い、「アタリを取る」ような過程だ。問題の性質により、また許される判定誤差により、計算量は変わるが、とにかく「判定」過程よりはるかに大量の計算を必要とする。現在はＡＩの計算用の特殊なスーパーコンピュータも開発されているが、それでも高度な判断をするディープニューラルネットワークの教育には、何ヶ月もの計算を必要とすることが普通だ。人間が何十年もの教育を受けて社会に出ていくのだから当然とも言えるが、とにかくＡＩの研究ではこの計算量の多さが、大きな問題となる。

以前のコンピュータ技術では、あまりに膨大な計算量のため実用化されず、理論研究レベルにとどまっていた。とはいえコンピュータ技術の進歩による計算スピードの加速によって徐々に実行できるようになり、ＡＩ研究界の片隅でほそぼそと研究され続けてきた。

それがニューラルネットワークからディープネットワーク――そしてディープラーニングとして一気に研究が盛んになったのが２００７年からなのだが、これについては90年代初頭から始まったＰＣのＧＵＩ（Graphical User Interface）化と、コンピュータゲームの高画質化に大きな関係がある。奇《く》しくもｉＰｈｏｎｅの登場も２００７年なのだが、これも実は関連している。

ＧＵＩで素早く画像をスクロールするとか、ズームアウトするとか、重なっているウインドウが半透明になるとか、移動したとき隠れていた下のウインドウが見えてくるとか――これらのことを高速に行い、自然に見せるには、恐ろしく大量の計算が必要だ。計算自体は単純で決まりきっていて並列性も高いので、専用の計算回路が作られるようになった。その使い方が標準化し、ＧＰＵという画像処理専用プロセッサとして一般化したのが１９９９年のことだ。

その結果、ＰＣやゲーム機に欠かせない部品として、ＧＰＵは大量に使われるようになり、どんどん安価で高性能なものが開発されるようになる。その部品を使うことで可能になったのが、手のひらサイズながらスムースで高度なＧＵＩを駆使し皆を驚かせた、ｉＰｈｏｎｅから始まるスマートフォンなのだ。

そして、安価になり大量に使えるようになったＧＰＵの恩恵を受けることになったのが、ニューラルネットワーク系のＡＩ研究だ。半導体は一種の印刷技術で作られるので、最初の原版さえできれば安価に大量に製造できる。しかし、原版の開発費は高性能なものを作ろうとすると、幾何級数的に増加し何十億円もかかることが普通だから、大学の研究室がＧＰＵのような特殊な半導体を作ってくれといっても、聞いてくれるメーカーはまずない。しかしＰＣやゲーム機やスマートフォンといった、大量生産される機器のための半導体が利用できるなら、一気に研究を進められる。

画像認識から始まったニューラルネットワーク系の計算は、ありがたいことに、画像処理専用プロセッサで処理するのに向いており、そのまま利用できた。そのため、必要な大量の計算が研究室レベルでも安価に行えるようになり、研究が一気に活性化した。注目された２

012年の画像認識のコンペティションでの快挙の後、画像認識だけでなく言語理解にも推論にもディープラーニングが使えることがわかり、一気にセンターステージで脚光を浴びるようになったのが現在というわけだ。

第1次AIブーム

このディープラーニングの成功によるAI研究の盛り上がりは、実は第3次ブームとも言うべきものであって、実はAI研究の歴史はディープラーニングでないタイプのAIによる、失敗の歴史の方が長い。

何しろ、コンピュータ出現以前は、計算は「人間しかできない知的活動」と思われていた。そのため、1950年代のデジタルコンピュータの黎明《れいめい》期から、「これが発展すればいつか人工知能が実現できる」という考えはあった。ただ、当時はどうアプローチしていいかわからず五里霧中だったのだが、そこで何だかわからないAIというものに対し一応の指針を与えたのが、コンピュータ黎明期の偉人であるアラン・チューリングだ。

彼は「チューリング・テスト」として「姿を隠すなど会話内容以外では判定できない状態で対話して、相手が人間でないということを見破れない」という定義でAIのゴールを示した。そのためだろうか、対話と関係ない（として）画像認識ＡＩの研究は、汎用《はんよう》性がないローカルな研究分野扱いになってしまった。

我が国では１９８２年に起こったＩＢＭ産業スパイ事件のせいで、米国の主流コンピュータのコピービジネスの限界が訪れる。「電子立国」としてのプライドもあり、通産省の旗振りで、米国のコンピュータのコピーでない、まったくの新しいコンピュータによって「真のＡＩ」を実現するという気宇壮大な目的で、同年に「第５世代コンピュータ・プロジェクト」を開始した。

図6-9　アラン・チューリング
(Bridgeman Images/時事通信フォト)

当然、このコンピュータのゴールはチューリング・テストに合格だから、第５世代コンピュータも古典的論理学の「ＡならばＢが真でＢならばＣが真ならば、ＡならばＣが真になる」といった三段論法を突き詰めていくことで、論理的な推論・探索により人間のような対話ができる「人工知能」が生まれる——というような考え方だった。

先にも述べたように、現代のデジタルコンピュータは、ベイズ以前の古典的論理学――「物事は正しいか間違っているか」「真か偽かの二つに一つ」――つまりは0か1かの二分法で動いている。だから「正しさは0・02777……」といった実数計算を大量にこなすのは、実は得意ではない。そのせいもあって、第5世代コンピュータは三段論法型で突き進んだのだ。しかし、実はこの方向性には、当初より問題が指摘されていた。

それが第1次のAIブームが起こっていた1960年代後半に、当時の人工知能の専門家自身から提唱されていた「フレーム問題」や「記号接地問題」といった、「人工知能最大の難問」と言われるものである。

人工知能最大の難問

「天が崩れ落ちたなら身の置きどころがなくなるだろうと心配して、夜も眠れず食べ物も喉を通らずにいる男」という中国の「杞憂《きゆう》」の故事のように、古典的論理学に基づいて「推論と探索」を行うタイプのAIは、複雑な現実の中ではいろいろな要素を「考えすぎて」先へ進めなくなってしまうというのが「フレーム問題」だ。

洞窟《どうくつ》に入り必要なものを持ってくるようにAIロボットに頼むが、そのものの上には爆弾が載っている。爆弾を下ろすときに爆発することを心配するまではいいとしても、地震が起こって爆弾を取り落とすかもしれないので爆弾を下ろせないとか、さらには１歩進むと洞窟が崩壊するのではとか、関係しそうなことや有り得そうもないことまですべての可能性を考えると、推論と行動方針の探索が収束せず１歩も動けなくなる。

これを回避するには「これ以上のことは考えなくていい」という「思考の枠＝フレーム」が必要になる。一種の常識的判断で、人間は自然に行うが、当時のＡＩにはできなかった。これを「フレーム問題」という。

「記号接地問題」は、「ＡならばＢが真でＢならばＣが真ならば、ＡならばＣが真になる」のように、記号の処理で推論と探索を行う場合の、記号と現実の接続が難しいという話だ。ウンベルト・エーコの小説『薔薇《ばら》の名前』に出てくる普遍論争ではないが、事物の観念と個々の事物の関係を規定することは意外と難しい。意識的かつ客観的推論を行うには「名前＝記号」が必要だが、人間は名前のないものに対しても概念を持って取り扱うことができる。「薔薇は薔薇という名前がなくても美しい」というような話だ。逆に名前を知らない毒草でも、見た目や臭いなどの感覚だけで食べちゃダメだと判断することもある。

結局、論理学による客観的推論と探索を行うタイプのＡＩにできるのは、対応すべき世界を徹底的に単純化し記号化が可能で、検討すべき可能性の広がりが手に余らずに収まる迷路やパズル程度——いわゆる実用にはならない「トイ・プロブレム（おもちゃの問題）」というわけだ。

１９５０年代後半からの第1次ＡＩブームでは、迷路が解ける程度の研究成果で「知能」の概念すら明確になっていなかったにもかかわらず、従来の機械ではできなかった「ちょっと知的」な成果が過剰評価されることになった。多額の研究予算を出していた国や企業が、一気に現実のあらゆる問題を解決できるＡＩの開発を求めるようになったが、いくら予算を積んでも、いわゆる「トイ・プロブレム」しか解けないことが次第に明らかになってきた。苦境に立たされた研究者が、「そんな簡単な問題ではないのですよ」と、いわば「できない言い訳」として提唱したのが、「フレーム問題」や「記号接地問題」といった難問の例なのだ。これが「専門家自身が、人工知能はできないと認めた」と受け取られて、ＡＩに対しての失望感が広がり、ブームは一挙に下火になる。

第2次AIブームと第5世代コンピュータ

その後、１９８０年代になると第2次のＡＩブームが起こる。何とかＡＩ研究の命脈を保つために、現実的問題に対処できることを目指して、最初から分野を決めて専門家の判断過程を真似るという、まさに「現実的路線」で「エキスパートシステム」が作られた。

エキスパートシステムは、いわば「20の扉」の化け物だ。医者が患者を診察するとか、専門家が故障の原因を特定するとかの場合、体がダルいという患者が来たとき「まず体温を確認して平熱かどうか」という第1の扉を経て「熱があるなら喉の炎症を見る」、「平熱なら睡眠時間を聞く」と言った具合に、条件分岐と検査や確認を繰り返し、様々な可能性を除外して最終診断に絞り込んでいく。

何千何万のこうした条件分岐を、コンピュータで実現するのがエキスパートシステムであり、分野を特定すればそれなりに機能し、ビジネスにもなったため、第2次ＡＩブームといわれるようになった。第1次ＡＩブームに比べ、コンピュータ技術が進歩し、高性能なコンピュータが低価格化して、様々な現場に設置できるようになったことも、このビジネスを可能にした要因だ。

しかし当然のことだが、医療診断のエキスパートシステムに自動車の故障診断の分野の話を聞いても答えられない。それどころか同じ医療分野でも、内科診断のエキスパートシステムには、外科的判断を聞いても答えられないし、「1＋1は？」や「日本の首都は？」といった常識問題を聞かれても、まったくのお手上げになる。エキスパートシステムは、ある意味実用的ではあるが、一般の人が考える「人工知能」とはだいぶ違うものなのだ。

とはいえ、そのあたりの細かい違いはわからずに聞くと「ＡＩが病気を診断して、人を救った」というような話がニュースになり、ＡＩの可能性に再度期待が集まり、人工知能研究にも予算が付くようになる。

そこで、進んだコンピュータ技術を活《い》かせば、エキスパートシステムをより汎用化したような客観的推論と探索を行うタイプのＡＩを、今なら実現可能なのではということで、始められた、意欲的というか——ある意味蛮勇とも言うべきプロジェクトが、先の「第5世代コンピュータ」だったのだ。

第5世代コンピュータの目標は、「述語論理による推論を高速実行する並列推論マシンとそのオペレーティングシステムを構築する」というものである。人間の脳内では、多くの三段論法的推論を一度に並列的に行って、答えの出たものから芽のあるものに絞り込み、時間内に結論を出して行動しているという仮説を立て、フレーム問題を回避できると考えたのだ。

とはいえ、盤上の有限のマス目に白と黒の石を置く程度のゲームの囲碁ですら、ディープラーニング型のＡＩの進化型である「アルファ碁」が登場するまで、人間に勝てなかったのだから、当時のコンピュータ技術で、少し並列推論する程度のＡＩでは、現実的な問題には手も足も出なかった。

また、広い分野での判断のためには「ＡならばＢ」という形で、膨大な推論のための「知識」を蓄えることになる。「東京は日本に属する」と「東京は首都」という「知識」を蓄えた推論マシンに、「日本の首都は○」と入れると「○は東京」と答えるイメージだ。しかし実際には、この答えに正しくたどり着くためには「日本は国」とか、「首都は都市」とか、「首都は国にひとつのみ」といった「知識」も必要だ。

この調子だから、ちょっとした問題に答えるにも「知識」が何億――分野を指定しないで一般常識に答えるなら、それこそ何千億、何兆の知識が必要になる。問題は、そうした大量の「知識」をメンテナンスするのが非常に大変だということである。例えば「平安時代の京都は首都」といった「知識」が混ざっていると、「日本の首都は○」に対して、「○は平安時代の京都」という答えも可能になり、「首都は国にひとつのみ」と矛盾して、答えが出せないということが起こる。何兆の「知識」を無矛盾に保つことはほぼ不可能で、これが融通の利かない――正しさには「真か偽か」しかないという、推論と探索型のＡＩにはどうしようもない壁となってしまった。

AIとは何か

ＡＩについて、実は日本ではその定義のレベルから大きな混乱がある。どんな分野でも否定的な話には需要があり、それに応《こた》える「専門家」がいる。そういう専門家は「ＡＩはこれができない、あれができない」という話をよくする。ＡＩの話になると、いまだに「フレーム問題」や「記号接地問題」を持ち出してきて、否定的に話をする人までいる。

「否定の専門家」の言う「あれができない」「これもできない」といった話は、内容が違うものを「ＡＩ」という一言でくくって、さも一般論かのように乱暴な議論をしているだけだ。

話が面倒なのは、ＡＩを過小評価する人がいる一方で、「エキスパートシステム」や「ビッグデータ解析」などの地味な技術を、時流に乗って派手に宣伝したいと言って、「当社は最新のＡＩ技術を採用」などと銘打つメーカーも出てくることだ。ＡＩに関しては議論の対象のＡＩの内容を明確化しないと、「できない派」と「盛りすぎ派」のせいで、話がまったく嚙《か》み合わないことになる。

ＡＩとは「機械で知能的な処理を行いたい」という「目的」を指しているだけの言葉だ。「機械で移動したい」という目的に、「ＡＭ（人工移動）」とか名前を付けたらどうだろう。

その中には、電動車椅子からジェット機まで多様な技術が含まれることになる。それを、さも一般論であるかのように「ＡＭでは路地裏には行けない」とか、「ＡＭには多量の燃料がいるので個人には使えない」などと言ったら乱暴だろう。今のＡＩに関する言説には、そういったものが多すぎる。

第1次ブームの去った後、ＡＩ研究はまったく成果が出ない冬の時代だった。研究費もままならなかった。特に「エキスパートシステム」という「有用性の喧伝《けんでん》」もできなかった「ニューラルネットワーク」は評判が悪く、下手にかかわったら研究者生命を失うという感じだったらしい。本来なら「ディープニューラルネットワーク」と呼ぶべき研究分野を、画期的とはいえその調整法にしかすぎない「ディープラーニング」として、ひとくくりに呼ぶようになったのは、関係者が少しでもケチの付いた「ニューラルネットワーク」と無関係に見せたかったからではないか、という陰口も叩《たた》かれているくらいだ。

「選択と集中」が、こと科学技術研究の分野では望ましくない良い例なのだが、日本のＡＩ研究者は、第5世代コンピュータ・プロジェクトが事実上の失敗に終わった後も、学会が推論と探索型のＡＩの研究者主導になっていたため、少ない予算の取り合いで、この分野の研究者の生き残りがやっとで、画像認識というローカル分野で生まれたディープラーニングのトレンドを、ＩＬＳＶＲＣ後にもフォローしていなかった。

一方、米国ではヒントンとングの2人が関わって「グーグル・ブレイン・プロジェクト」が立ち上がり、グーグルの多額の研究資金がディープラーニングに投入されていた。その後「アルファ碁」により、それまでは一般には注目されていなかった成果が知られるようになり、『ＡＩ研究、米中2強　出遅れ目立つ日本勢』という記事が一般の新聞に載ることになる。むべなるかなだろう。

「歴史で○○戦争は何年かという問いに答えられても、戦争の実質を知らないＡＩは結局人間を超えられない」とか、「実用化するには、学習データが何兆件必要でコストが非現実的」といった否定的なことを言う日本の「ＡＩ専門家」もいる。しかし、そういう議論の限界は、日本が「選択と集中」した、推論と探索型の非ニューラルネットワーク型のＡＩの限界にすぎない。ＡＩについて議論するなら「ＡＩの認識能力」よりも、「ＡＩに対する人々の認識」の方が問題というのが、日本の厳しい現状なのである。

イメージと現実

ＡＩはＳＦの定番ネタだが、ずっとどう実現するか不明の「謎技術」だったため、「ロボット口調で喋《しゃべ》り、感情を理解しないＡＩ」像から「世界征服を望むＡＩ」まで、過去にＡＩのいろいろなイメージが出回って、現在もそれに引きずられている。

多くの若者相手にディスカッション形式の講義を行うイベントでＡＩをテーマにしたことがあるが、若者ですら「論理的に思考するというより、それしかできないＡＩ」とか、「感情がわからないので芸術は作れないＡＩ」とか、「人間の職人技にかなわないＡＩ」といった、古典的なＡＩのイメージをいまだに根強く持っていることに驚かされた。逆にＡＩは「高性能な統計器であり、データが少ない分野では、まったく新しいことを生み出せない」といったそれなりにアップデートされているが、最新ではない理解の学生もいた。

議論を平行線で終わらせないためにも、ここでは今話題になっている現実のＡＩが、どんなものかを一度まとめてみたい。

まず、ＡＩが論理的かということで言えば、「第5世代コンピュータ・プロジェクト」の述語論理——三段論法を並列で超高速処理するマシンによるＡＩが実現していれば、さぞ「論理的なＡＩ」ができていただろうが、マシンはできたが結局実用には至らなかった。

現在から見れば技術的にいろいろの不利はあったにせよ、根本的な問題はそれが「論理的」であったことだ。フレーム問題により「論理的ＡＩ」は複雑な現実の中では、いろいろな要素を「考えすぎて」先へ進めなくなってしまう。ＡＩに対応できるのは、世界を単純化できるボードゲームぐらいだが、その将棋ですら最近の技術の進歩で、計算スピードが上がるまで人間のプロに勝てなかった。さらに複雑な囲碁はまだ10年以上人間の有利は揺るがないと思われていた。

それが簡単に覆って驚いたのが２０１６年の人間のトッププロ（イ・セドル９段）に勝った初のＡＩ「アルファ碁」であり、それを可能にしたのが「述語論理」とは異なるタイプのニューラルネットワーク――神経回路網型ＡＩの飛躍的進歩だったわけだ。この技術は最初の研究が１９４０年代に遡《さかのぼ》れるぐらい古いが、ずっと鳴かず飛ばずだったものだ。それが「大化け」した。

アルファ碁の開発では、過去の棋譜を正解のある「教師あり学習」のパターンとして徹底的に学ばせた。先に解説したように、大量の評価パラメータの集合として訓練されたディープニューラルネットワークは、エキスパートシステムと違い、「ＡならばＢ」というような入力した知識――棋譜のまま手を指すといった確実性はないので、結果は統計的、ベイズ的だ。ある意味不確かだが、ベストでなくても何らかのベターな結果が得られる。とはいえ、ＡＩは学習のための教師データが多ければ多いほどよい統計器であり、データの蓄積が少ない分野は不得意という理解は正しい。

AI同士の強化学習

しかし近年は、囲碁のような対戦型のゲームなら、対戦相手も同じＡＩにした「強化学習」という手法が使える。強化学習は、複雑なプロセスのひとつひとつの手順の正解を教師あり学習で学習するのでなく、一連の多くの手順を経た結果の最後の良し悪し――囲碁なら最後の勝敗だけで評価することを繰り返すことで教育する。いわば、結果が良ければ報酬を与えるアシカの調教のような教育手法だ。

「ボールがこう投げられたら、まず関節Aをこう曲げて」といった、正解の動きを大量に教えるのでなく、何回もボールを投げて結果として落とさなかったら餌《えさ》を与える、落としたら与えないといったことを繰り返すことで、どんな球が来てもキャッチできるようになる。これにより、たとえ訓練のときには来なかったようなボールでも、アシカは高い確率でキャッチできるようになる。囲碁で言うなら棋譜でなく、とにかくＡＩ同士で対局を繰り返し、勝った方のＡＩを褒めてやるという具合で、結果の勝ち負けだけ見ればいいので、棋譜のようにデータを集める必要はない。

強化学習は自ら学び研鑽《けんさん》を積むAIの第一歩であり、データの蓄積が少ない分野でも使えるAIなのだ。

人間の棋士でも定石を学んである程度強くなった後は、とにかく自分と同等かそれ以上の相手と対局を繰り返すことが上達の道だという。とはいえ人間相手では、自分と同等かそれ以上の相手を拘束し一日中練習対局に付き合ってもらうのは不可能だろう。

実は将棋の藤井《ふじい》聡太《そうた》8段が、若くして強くなったひとつの要因が、初心のうちからAIとの対戦を繰り返したからだと言う。子供の頃から強いPC用の将棋ソフトが気軽に練習に使え、さらに上達するのにちょうど合わせたようにAIが爆発的に進化し、常に自分以上の練習相手としてそばにいてくれたという藤井8段の世代が、将棋界の新人類と言われるのも当然なわけだ。

将棋で人間がAIに勝てない未来が見えてきた頃、「その日がきたら、将棋界は衰退する」といった悲観論も聞かれたが、結果は「AIで訓練した高校生が枠を破り、新時代を作る」という、いわば人馬一体のような、意外にも明るい未来だったのだ。

AIの訓練なら当然、練習相手もAI。アルファ碁は棋譜による教師あり学習を1週間行い、自己対戦による1ヶ月の試行（練習試合）で勝利したパターンを強化することを繰り返した後、ニューラルネットワーク調整に1週間かけたという。短いようだが、1ヶ月といっても、自己のコピーと電子のスピードでの仮想対戦は何千万局にも及んだというから、人間では一生かかってもできない練習量だ。

そのいわば自己研鑽の結果生まれたのがアルファ碁で、どうやら新しい定石を生み出し、開発者もどうやって勝ち筋を見つけているか完全には説明できなかったという。その後改良を重ねた「アルファ碁マスター」は、ネットでトップ棋士らと対戦して総なめにし、もはや人間に勝ち目はないところまでいってしまった。

さらに2017年の「アルファ碁ゼロ」になると、「ゼロ」の名の通り、事前の教師あり学習を排し——いわば囲碁のルールを知っているだけの初心者というところから、自らのコピーとの対戦という強化学習のみで、490万局の試行で初期「アルファ碁」に勝利し、さらに2900万局の試行で「アルファ碁マスター」に勝利してしまう。そして、2ヶ月後に発表された「アルファゼロ」は、自己対戦強化学習手法を対戦型ゲーム全般に汎用化したものので、白紙の状態からルールを教えるだけで、数時間から1日で将棋・チェス・囲碁のいずれでも、先の「アルファ碁ゼロ」を含む世界最強ソフトを超える強さを獲得した。初期「アルファ碁」を上回るのに8時間（16万5000試行）というから、さらに学習能力が上がっていることがわかる。

治療薬開発への応用

この手法は、何もゲームを強くするためにしか使えないわけではない。推論と探索を行う古いタイプのAIは、対戦相手と同じ盤面状況だけがすべての「完全情報ゲーム」に比べ、伏せ札のある「不完全情報ゲーム」は不得意な傾向がある。さらにパラメータが多い物理世界ではまったく手が出ない。しかし、ニューラルネットワーク型のAIは——人間的に言えば「ベストでなくベターな解を、長年の経験から感覚的に摑み取る」ように動くので、様々な応用が可能だ。

例えば「アルファゼロ」の技術を利用した「アルファフォールド」は、化学式からタンパク質の三次元折り畳み形状を推測するという、創薬系の応用AIだ。新型コロナの治療薬を開発するには、新型コロナウイルスに関係するタンパク質の立体構造を把握できれば大きな手がかりとなる。アルツハイマー病は、化学式的には同じなのに正常とは違う折り畳みをしたタンパク質が脳に沈着することによって引き起こされる。こういったタンパク質折り畳みミスなどへの対応にも、折り畳みパターンへの知見が役立つ。

何しろ大量の原子が繋がったタンパク質の分子は、たかだか水素、炭素、窒素、酸素、硫黄程度の単純なブロックからできているにもかかわらず——というか、それだからこそ、その折り畳みパターンには大量の可能性があり、実際に作ってみてX線結晶構造解析などを行ってみないと、どう折り畳まれているかわからなかった。

タンパク質が単純な原子からできているのに多様な働きをするのは、その三次元折り畳み形状が多様だからだ。タンパク質となると数十万個の原子の塊だから、原子と原子を結ぶ棒がバネでできている分子模型で考えれば、それが折り畳みにより、どんな形にもグネグネ変わりうるのはわかるだろう。実際には、棒で結ばれていない原子間でも隣に来ると影響があるので、全体として安定する形は大抵ひとつに収斂《しゅうれん》するのだが、結合関係だけの化学式からそれを逆推定すると、無数ともいえる可能性がある。

逆に言えば、機能する形状を実現できれば、望みの働きのタンパク質が作れる。その化学式が決まれば、DNA合成した大腸菌を大量生産などもできるが、まず化学式が必要である。ところが化学式から三次元折り畳み形状を割り出す手法は、あまりに複雑でわかっていない。

思った通りの原子配列で分子を合成するのは非常に手間がかかり、またひとつ原子が違うだけでその形状が大きく変わりうる。思った通りの働きの形状のものかどうか、作ってみないとわからないのでは、試行錯誤で大量の時間とコストがかかる。一般に数ヶ月、年単位の時間を要すると言われるので、創薬などで開発費が数百億やそれ以上かかるのもそのためだ。

もしこの化学式のみから高い精度で三次元折り畳み形状を予測できる手法があれば、創薬などの研究開発にかかる手間、コストを大幅に削減できる。単純なルールをもとに三次元折り畳み形状を作り、その全体の安定度を評価し、その安定度が高ければ高いほど高スコアが得られるような「ゲーム」を大量に行わせることで「アルファフォールド」は実現された。「アルファフォールド」はまさにその能力で創薬を助けているわけで、決して囲碁や将棋が強いだけというものでなく、ルールをもとに自己研鑽するAIには、多くの可能性があるのだ。

実際、アルファゼロの開発元であるグーグル傘下のディープマインド社は、すでに「アルファフォールド」による新型コロナウイルスに関係するタンパク質の立体構造予測を行い、予測結果がX線結晶構造解析などで決定された三次元折り畳み形状と高い精度で一致することを確認しているという。さらに、実験で確定されていないタンパク質の立体構造の予測も行っている。

先に述べたオープン戦略に乗っ取り、ディープマインド社は、アルファフォールドのプログラムや学習に使ったデータセットもＧｉｔＨｕｂで公開している。プログラミングと機械学習やバイオインフォマティクス（生命情報科学）の知識を持つ人であれば、誰でも利用することができる。ディープマインド社は立体構造予測の改善も続けているとのことで、これが大きな突破口になる可能性もある。

通常10年はかかると言われてきたワクチン開発が、たった1年ほどで緊急承認までこぎ着けた。これを拙速で危険だとする批判もある。しかし、実はアルファフォールドを始めとして生体シミュレーションやタンパク質設計、さらにはインターネットによる世界規模でのアイデア流通や連携など――コンピュータ関係の進歩により、生化学分野の研究加速効果が近年飛躍的に高まっているという背景を知れば、ちゃんと納得できることなのだ。

現実世界の認識へ

「アルファフォールド」はタンパク質の折り畳みという現実世界の問題ではあるが、組み合わせ爆発はあるとはいえ、ミクロの世界における単純なルールへの適用だった。しかし、これは普通のスケールの現実世界でも同様だ。

ＡＩについての話題となると、先に述べた通り、最先端かつ積極的にオープンにされているグーグルとその傘下のディープマインド社の研究が主になる。

これもグーグル社の発表だが、実験で14台のロボットアームが、様々な材質や形状の物品の適切な摑み方を並列学習するというビデオがある。ここでは教師あり学習データのない、ゼロからの強化学習だけで、木のブロックから、スポンジのボールまで、多様なモノを摑むということを実地で学んでいる。カメラで確認したものを、触覚フィードバック付きのロボットアームでうまく摑んで持ち上げられれば成功、取り落としたら失敗という試行錯誤を行う。細長い形状のものは中央を摑んだ方がいい、T字型のものはこのあたり、この見た目は滑りやすい——など、失敗したら摑む位置を変える、摑む力を変えるといった試行錯誤をする。昼夜を分かたず、疲れることも知らずに。そして14台のどれかが成功すれば、その摑み方の「コツ」を全体が学習する。そしてまた試行錯誤を繰り返す。この並列強化学習により試行回数を稼ぐことで、人間の赤ちゃんより早く「モノの摑み方」を覚えたという。

先の「フレーム問題」と「記号接地問題」も、AIが現実の世界を意識していないことが、問題の本質にある。「爆弾は持ち出さなければいけないモノの上にある」、「洞窟の中に持ち出さなければいけないモノがある」といったことを、記号としてしか理解していないAIでは、「AはBの上にある」「Cの中にBがある」「BをCから持ち出したい」から、結果とし

図6-10　14台のロボットアームによる並列学習のようす（出典：“Large-scale data collection with an array of robots” https://www.youtube.com/watch?v=iaF43Ze1oeI）

て「Aも一緒に持ち出す」といった直線的判断をする。しかし、そこに「Aは爆弾だ」という条件を与えたとたん、「爆弾は振動で爆発するかもしれない」「洞窟は振動で崩れるかもしれない」といった関連しそうなすべての「知識」まで一緒くたにして、最適解を求めようとする。結果として「洞窟の天井が脆《もろ》くなっていて、ロボットが動いてかけらでも落ちてきたら、その衝撃で爆発するのではないか」など、考えてもしょうがないことまで考え、可能性爆発で制限時間内に判断できなくなる。

その意味で、大事なのは「程度の問題」の理解だ。「かもしれない」はどの程度か、また「爆弾が載ったモノ」の近くの地面の見た目が大丈夫そうで、地面の脆さも感じていないなら、洞窟の天井からの落下物はさしあたり考えなくていいといった、周囲の現実に対する総合的な把握だ。

しかし、そうした「程度の問題」の単純な記号化は不可能だ。逆に言えば、今までの経験――画像や触感を含む多様なセンサーからの読み取りデータ――つまり感覚の統合的なパターンとして状況を認識し、それに論理はなくても、そのまま感覚的に反応するというニューラルネット型のAIには、「フレーム問題」も「記号接地問題」も無縁なわけだ。

ニューラルネットワーク型のAIが単に莫大《ばくだい》なパラメータを持つ統計器というのは正しいかもしれない。しかし、逆に人間の側がニューラルネットワーク以上のものかというと、「魂」や「量子効果」といった怪しげなものを持ち出さずに、その違いを示せるだろうか。

さらにいえば、素早い判断を求められる状況で、論理に足をすくわれず直感的に選ぶためのショートカットが「感情」だという説もある。

最新のAIが「統計器」にすぎないとしても、人間も同じでないという証拠はない。そして、単なる「統計器」も、自然が何億年かけて強化学習すれば、科学を産み芸術を語るようになる――その可能性の方が「魂」を持ち出すよりはるかに素晴らしいことだと思うのは筆者だけだろうか。

これもまたグーグルだが、自動翻訳について興味深い論文が最近発表された。日英翻訳と、韓英翻訳の両方を大量の翻訳例で学習させたニューラルネットワークに、試しに日韓翻訳をさせると、精度は落ちるもののそれなりの翻訳ができたというのだ。ここで重要なのは、一度英語にしてから翻訳したのでないということだ。

そして、ニューラルネットワーク内の仮想ニューロンのパターンを空間に投影すると、日本語、英語、韓国語関係なく、似た概念の言葉を集めた場所ができていたという。そしてそのマップにより、英語を介さず日韓翻訳を行ったらしい。人間が概念形成し、言葉を使える仕組みと、これのどこが違うかは難しい問題だ。ＡＩの限界を決めつける前にそういう哲学的な問いに真剣に向き合うことが、学者の取るべき態度だろう。

先に述べた「歴史で〇〇戦争は何年かという問いに答えられても、戦争の実質を知らないＡＩは結局人間を超えられない」という日本の専門家だって、実際に戦争を体験はしていないはずだ。文学や映画や記録を見て学んだだけだろう。将来的に、大量の戦争文学や記録映像をニューラルネットワークに与えれば、その多面的な概念マップが形成され、戦争について人間と遜色《そんしょく》なく読解し対話できるＡＩができるかもしれない。

そのときにも、それを「単なるパターンマッチであり、実質を理解していない」というのだろうか。では「人間が実質を理解している」というのはどういうことなのだろうか。

社会を支える哲学

人間社会にかかわることはすべて「程度の問題」であり、単純な二分法ではうまくいかない。答えの出ない疑問は多い。そんなことは大人なら大抵わかっている。例えば「正義と悪」。二分法がうまくいかないことを示すのは簡単だ。分類しにくい境界領域の実例――例えば「正義の戦争」などを指摘すればいい。

すると、そういうことをまじめに考える人ほど、往々にして反動で「絶対的な正義も悪もなく、すべてはそのときの社会により決まる」というような、極端な相対主義に陥る。事実そういう流れがいろいろな分野で一時世界の思想界を席巻《せっけん》した。

「科学と疑似科学」など簡単に峻別《しゅんべつ》できると考える向きは科学者にも多いが、この問題を安易に考えていると足をすくわれる。科学もやはり人間の営みであり、豊かな境界領域をもつ。そこに単純な二分法を当てはめようとするから、「迷信でないなら科学だ」という話になってしまう。それらしい実験を見せられて一転超能力を信じてしまうなどというのは、そういう科学者のナイーブさのゆえだ。かといって、「絶対的な科学も非科学もなく、すべては社会により決まる」なども暴論であろう。

結局結論は、まことに常識的ながら「程度の問題」ということなのだが、それを論理的に展開した「ベイズ主義」の重要性は、まさにそれが程度と論理の架け橋だからだ。常識は理由があるから常識なのだが、同時に論理的に展開できないものに頼れないというのもまた人の本性だからである。

繰り返しになるが、ベイズ推定の本質は「正しさは確率的で、絶対的なものではない」ということだ。そして、その有用性が現代のＡＩを支えている。そしてその「程度の問題」という諦観《ていかん》こそ、ベストエフォートに基づくシステム――社会を支える哲学なのである。

第7章　社会のＤＸ

オープンシステムはベストエフォート

第2章の中で「インターネットはオープンなネットワークだったからこそ社会を変えた」と書いた。しかし同時にこれには負の側面もある。

インターネットはユーザも含め、関係者皆で問題がないように最大限の努力をすることで成り立っている。だから「なぜか相性が悪くて」繫《つな》がらなくても、皆が努力した上のことならしょうがない——このような諦観《ていかん》をベースとするシステムをベストエフォート（最大努力）型という。逆に、管理の考え方として対極にあるのが、誰かが全体に責任を持ってくれてお金さえ払えばお任せで保証してくれるシステム——これをギャランティ（性能保証）型という。

インターネットが一旦《いったん》繫がらなくなったときは、昔の電話のように話は単純ではない。若い人は知らないだろうが、電話機が有線でしか繫がらずモデルも少なく色も黒一色であった黒電話の電電公社時代には、電話が繫がらなければとにかく電話局に連絡をすると、何とかしてくれた。電話局がすべてを保証——「ギャランティ」するシステムであり、これは電話局が回線だけでなく電話機まで提供し、上から下までに責任を持つからできたのである。電話機も電話局からの貸与物であり、これを改造するようなことは許されなかった。利用目的も制限され、電話網を使ったコンピュータ通信が始まった当時は鬼子扱い。制度的に強く制約され、電話局提供の専用の音声モデムや音響カプラ（デジタル信号を音声信号に変える装置）が必要だった。ギャランティすることは、機器から利用まで強く制限――クローズにすることと表裏一体とも言えるからだ。

電話システムも電電公社からNTTになり、だいぶ「自由化」されて利用者が好きな電話機を買って自由に繋げるようになった。そうなると、電話機の故障で繋がらないならメーカの責任で当然電話局は責任を持ってくれない。インターネットはその「自由化」のもっと進んだ、まさに「オープンなシステム」だ。あるウェブサイトの中のデータを見られるまでには実にたくさんの機器・関係者がいて、それぞれが独立している。だから「インターネットの責任者を呼べ」と言っても、誰なのかわからない。それが「オープン」の負の側面だ。

オープンでベストエフォートなインターネットは、万が一繋がらなかったら面倒だ。悪いのがPCなのか無線LANルータなのか回線なのか、プロバイダーなのか、いろいろ可能性がある。ユーザが障害の原因を切り分けて、それに応じて修理なりの手配をそれぞれの原因に応じてしないといけない。ベストエフォートはユーザにも求められるからだ。プロバイダーのせいだと思ってサービスに電話したらルータが悪いと言われて「たらい回しだ」と怒った人もいるが、全体にギャランティを持つ主体はどこにもいないのだからしょうがない。

実はベストエフォートのシステムと言えば、古くから確立しているのが道路交通網だ。交通事故が起きても、道路の整備不良が原因の場合は道路管理者の責任。車両の欠陥ならメーカーの責任。運転ミスなら当然エンドユーザである運転者の責任。その責任を切り分けるために事故調査が行われ、エンドユーザである運転者が責を負う可能性もあるから、そのために自賠責保険への加入が必須だ。そういう責任分界もオープンの一面だ。

先にも述べたが、道路交通網がクローズで、例えば救急車しか通せなかったら社会的にコスト負担が不可能だ。他の車が通ることが、緊急時の救急車にとっての障害となるとしても、「誰でも・何にでも」使えるというオープン性があるから、多くのビジネスや物流、遊行などに利用でき、そのことで道路交通網を造るコストは社会に容認されている。そして、サイレンを聞いたら「可能な限り、脇に寄せて道を開ける」という各運転者のベストエフォートにより、道路交通網を利用するドアツードアの救急搬送網も両立できている。まさに、道路交通網はオープンなインフラなのだ。

複雑化した現代——まさにその複雑さの極致である巨大情報システムは、どんなに強大でも単一の組織が単独で構築し支えることはできなくなっている。巨大なシステムに過度な責任を求めれば、そのシステムは実現されず、結局はそのシステムで救われる可能性のある多くの人々の福利を奪ってしまう。そこで、技術が完全でないところをどう運用や制度で問題を緩和していくかが課題になる。ここに、本書の最初に述べた「オープン」との接点があり、テーマは円環を描いて最初に戻る。

DXによる中間層の圧縮

オープンに続きＤＸの負の側面についても考えてみよう。経済の基本は生産者から消費者への流れである。流れる商材としては物品と同程度に情報が重要だ。物品の流通を制御するのが情報。「注文」から「在庫台帳」「納品書」まで、物品の流通も情報の適切な流れがなければ不可能だ。その意味では、情報の流れが経済を形作る最も重要なファクターといってもいい。

その情報流通の物理的制限が、経済の形を規定する。過去には音楽という本質的には情報であるはずの商材でも、音情報だけの形で流通できなかったために、ＣＤなどの形ある物品に記録して流通することが不可避だった。それが、インターネットの出現により、音楽の流通にとって物理的媒体は不可欠でなくなった。その結果が「レコード屋」の減少につながり街の風景も変えてしまった。その「物理媒体なしに情報商材を流通できる」という流れが、今まさに新聞と出版界を襲っている。街の新聞販売店も書店もすでに減り始めている。「朝の新聞配達」という風景も、早晩過去のものになる。

生産者から消費者への商材の流通に大きなコスト——単に費用というだけでなく手間とか時間といったコストもかかるなら、そこに大きな労力を使うことには意味がある。例えばいつどこで何が売れるかわからないから、生産者と消費者を結ぶために、卸売業者、仲卸、小売店といった何層もの中間層が流通には存在した。それら中間層に対し「右のものを左にやるだけで儲《もう》けている」などという悪口もあるが、これらがなければ、大量生産と消費者の地理的にも内容的にも細分化した需要を結び、適切な価格形成と輸送効率化を実現するのは不可能だった。生産者が必要な分だけ生産し、管理者が適切に輸送・分配し、消費者が消費するという、共産主義が理想とする3層型の計画経済は非現実的で、この何層もの多層モデルでしか不可能だったのだ。

しかしこれに対しても、インターネットがすべてを変えてしまった。物理的商品の物流は存在していても、物流に関係する情報の流れが大きく変わったからだ。従来はFAXや電話を使っていたような受発注や、送り状、納品書、検品済証なども電子化し、全国どころか全世界でほとんどタダ同然のコストで即時にやり取りできるようになった。需要を素早く伝え、対価も電子で受け取れるようになり、アマゾンに代表される単一層のプラットホームが途中の何段もの中間層を吸収し圧縮できる世の中になってしまった。まさに流通業界のＤＸのひとつの帰結の象徴がアマゾンなのだ。

一見素晴らしいことのようにも思えるが、問題もある。現在のデフレ傾向も、中間層の圧縮により、そこにかかっていたコストが消えたことが根底にある。インターネットにより社会プロセスが全面的に効率化した。飛行機のビジネスクラスが進歩して快適になればファーストクラスが減っていくように、十分と思えるレベルのサービスにかかるコストが最適化されれば、無駄がそぎ落とされ、その分経済が小さくなるのは避けがたいからだ。そういう構造的要因によるデフレだから退治は簡単ではない。

そして中間層がなくなるということは、中間層が効率化できないからこそ存在していた労働が必要なくなるということであり、その流通マージンの必要がなくなるというのはその職で得ていた賃金が消えるということでもある。その分、安くなるのは消費者としては嬉《うれ》しいが、そのことが言葉通り所得の中間層を圧縮し、米国を筆頭にネット化が進む先進国で貧富の差を拡大する傾向の根本原因である可能性は高い。

一方、この情報流通コストの極端な低下が、海外生産者と消費者を近づけることで、発展途上国が儲けるチャンスの元にもなっている。国内の貧富の差は大きくなるが、一方で国と国との貧富の差を小さくする働きもあるという。この変化は一概に否定できないし、否定したところでより安い供給に需要が流れる以上、恣意《しい》的に止めるのは不可能だ。

結局はこの変化の中で、いかに悲劇を最小化するかを模索するしかない。経済モデルの未《み》曾《ぞ》有《う》の変化の中、難しい政治の舵取《かじと》りが求められている。

テレビ業界のDX

業界最大手の広告代理店が赤字化したというニュースが、2019年末にネットで話題になった。実は2019年年初から不振が伝えられていたし、赤字化のニュース自体同年8月に流れていたもので、実は目新しい話ではなかった。ただ、8月のニュースは経済誌などで流れたものの、「忖度《そんたく》」があったのか一般紙では触れられなかったこともあり、経済評論家が2019年末にツイートしたことで多くの人が知って、遅ればせながらネットで話題になったようだ。

この「マスコミで広がらなかったことが、個人のツイートで一度に知られるようになる」

という顚末《てんまつ》自体がネット社会の情報の広がり方や、メディアの情報感度、忖度など、いろいろなことを考えさせる出来事だった。しかし何より感慨深いのは、これが従来型マスコミモデルの終焉《しゅうえん》を示す――「棺桶《かんおけ》の最後の釘《くぎ》」を打つ音のように聞こえるからだ。

この変化は、先に述べた音楽産業を始めとして、実はすべてのメディアで粛々と進んできたことで、現在も止まることなくすべてを巻き込んでいる。むしろ、テレビ局と広告代理店がタッグを組んだビジネスモデルはあまりに良くできていたため、テレビ業界はこの流れに抵抗できていた――最後の牙城《がじょう》だった。

しかし、その抵抗にも限界が近づいている。その表れが業界最大手の広告代理店の赤字化のニュースであり、ついにここまで来たかと思わせたというわけだ。

他のメディアがデジタルの荒波をかぶる中、放送業界が多層の関係者によるもたれ合いの体制を今まで維持できていたのは、テレビの地上波が「限られた資源」であり、しかも認可事業としてオープンな参入が許されていなかったからだ。チャンネル数に限界があり、1日が24時間である以上、放送が流せる時間の上限は決定されてしまう。つまり限られた資源だ。それを采配《さいはい》する権利を持ち、多くの「スタッフ」と「スタジオ」と高出力放送設備という資本を抱えた「キー局」と、その電波の到達距離に限度があることから生まれた全国展開のための「地方局」——それらが、地上波がテレビ放送媒体の王様だった時代の日本では必須だった。そして限られた周波数帯と放送時間だからこそ「TV CM」は高い広告料を取れ、枠を押さえた「広告代理店」は特権的地位についた。限られた枠だからコストをかけた「番組」作りが可能で、視聴率が低ければ成り立たないから、視聴率の取れる「タレント」を抱えた「事務所」が力を持った。そしてキー局の番組に地方向けCMを付けることで「地方局」は潤った。これらのプレーヤーからなる利権で強力に結びついたエコシステムこそが「放送業界」だった。

そもそも物品が絡まない動画コンテンツでは、エコシステムが複雑だった分、中間層の圧縮による変化はさらに極端になる。話題のYouTuberはいわば、1人で芸能事務所から制作会社、広告代理店さらには放送局までの中間層を吸収してしまったようなものだろう。

ブロードバンドのインターネットにより、動画コンテンツが電波放送という縛りを離れた今、これまで「放送」という名のもとに運命共同体だったキー局、地方局、制作会社、広告代理店、タレント事務所などの様々なプレーヤーからなるエコシステムは、バラバラに運命を語れるものになった。例えば、動画コンテンツは形を変えてもそれ自体への需要はなくならないから、タレントや制作会社は生き残るだろう。一方、セットのCG化などもあり、スタジオや放送設備と言ったハードな資本を存在意義にしてきた「キー局」は、今の高コスト体質を維持するのは早晩不可能になるだろう。実際、今や多くの「キー局」が実態としては不動産で黒字を維持しており、本業では出血が続いていると言われている。また、多数のタレントを抱えて、一部の売れたタレントの収入を召し上げることで、新人養成を続けるというタレント事務所のモデルも、ＹｏｕＴｕｂｅｒやネットで大ブレークするインディーズの比重が大きくなれば、衰退するだろう。

ＤＸでは異業種が連携することで新しい価値を生むような例は数多くある。例えばＩｏＴ化しセンサーの塊になった自動車のメーカーと保険会社という連携で、ＩｏＴ自動車では常に車の状態をモニタしているということを前提として、低価格の保険料で保証を付けるような価値創造もある。しかし一方では、テレビ業界のように今まで一体と思われていた強固な結びつきが解体――デタッチされて、個別に道を探さなければいけなくなる。そういった側面もあるのである。

これから起こる消費者像の変化

業界の解体と並び、テレビ業界で強い危機感として言われているのが視聴者――つまり、テレビコンテンツの消費者像の変化だ。業界の調査により、テレビへの接触率は生まれた年でほぼ決まるということがわかっている。ここで言うテレビは主として地上波で流される番組を指すが、ある年に生まれた集団の中でのテレビを見る人の割合——接触率は、年が過ぎても変わらないと言う。

つまり、子供のときにテレビを見なかった世代は、大人になっても見ないということだ。その結果、将来どうなるかは現在の延長線で確度高く予測でき、テレビを見るという行為者率は２０２７年になると59パーセントまで下がるという。40パーセントの人はテレビをまったく見ないという時代が確実に来るということだ。もちろんテレビを見なくても、動画コンテンツに触れる時間がゼロになるのではなく、その時間はＹｏｕＴｕｂｅを始めとするネットの動画視聴に占有されるということだろう。

今よちよち歩きの子供は、テレビの画面を指で弾《はじ》いてコンテンツが変わらないと不思議がるという。幼児の頃からタブレットなどで動画に触れているからだ。さらに、そういう環境で育った視聴者は、見たいものを探して、いつでもどこでも見られるのに慣れている。今のクローズな局チャンネルと放送時間の枠という縛りも、単なる不便にしか感じられないだろう。

同様に、2027年頃からは小学校からプログラミングの義務教育を受けた新世代の消費者が現れる。そういう子供たちがこれから消費者になる。そういう時代の消費者は、オープンAPIで自分のプログラムから制御できない機器は使いにくいと思い、自社アプリからしか制御できないというクローズな連携アプリ制限に疑問を持つだろう。

近年は「ノーコード」といって、豊富なAPIの存在を前提に、それらをブロック玩具のように組み合わせるだけで、自分のやりたいことを実現できる簡単プログラミング環境も用意されている。

既存のシステムとの繋ぎを付けるだけでやりたいことを自動化するという点はRPAと似ているが、ノーコードはマウスやキーボードを介すのでなくAPIレベルで連携する。下手に人間の真似をするのでなく、直接的に連携するのではるかに安定的に利用できるし、何をやっているかについての見通しもよく将来的な改変や再利用も容易だ。

とにかくプログラミングは、我々の世代が考える以上にどんどん簡単になっている。そのことはオープン化という時代の流れと相まって、これからの消費者像を確実に変えていくだろう。

課題は世代の断絶

２０１９年3月4日、このような世代の断絶を象徴する事件が起きた。不正指令電磁的記録供用未遂の疑いで13歳の女子中学生が兵庫県警に家宅捜索され補導されたのだ。要点がわかりにくい上に、中学生の補導という事件のせいか、大手マスコミでの取り上げは小さかった。しかし、ネットでは広く取り上げられ、情報通信技術の関係者の間では結構話題になった。その中には「こんな子供のイタズラ程度のもので警察が来るなら、何が犯罪になるか怖くて仕事できない」という声もあった。

女子中学生が補導された根拠となったのは「コンピュータに不正な指令を与える電磁的記録」――いわゆる「コンピュータ・ウイルス」を作成し配布するような罪を罰するために２０１１年に新設された刑法１６８条の２だ。

では、実際に女子中学生が何をやったかと言うと、そこをクリックすると『何回閉じても無駄ですよ』との文言や顔文字が書かれたポップアップ画面がブラウザ内に表示され、その画面を消しても消してもその画面が永遠に出てくるＵＲＬを公開していたということになる。

このＵＲＬの先にあるウェブ画面のデータが、広義に捉《とら》えるなら「コンピュータに不正な指令を与える電磁的記録」にあたるのだろうが、ここで問題になるのは、それが「不正」とまで言えるかということだ。今回のウェブ画面のデータの中身は、ポップアップメッセージを出すコマンドを無限ループするたった1行の「プログラム」で、技術的に言えばまったくの「子供のイタズラ」レベル。

画面の中のボタンで画面を閉じようとするのでなく、画面の外で画面ごと閉じてしまえば簡単に抜け出せる。ドアを開けたら「この紙がある限り部屋から出られません！」と書かれた張り紙が重ねて何枚も貼ってあるようなもの。紙を剝《は》がすのにこだわるのでなく、無視して単に後ろに下がるだけで当然出られる。現実世界でこんな単純なイタズラでパニックになる人はまずいない。

「厳密には違法」でも、家庭での賭《か》け麻雀《マージャン》のように、この程度なら許されるというような「社会通念」を運用の前提とする法律は多い。刑法168条の2がその「不正」の内容を細かく定義していないのもそのせいだ。しかしこの件で表面化したのは、ネットでの「不正かイタズラか」の線引きの感覚が、ネットへの理解度、さらには世代により大きく断絶し、その「通念」が存在しないという日本の状況だ。ちょっと気の利いた子供なら「無限張り紙トリック」をたった1行で簡単に行えるのが今の時代であり、2011年に新設された「不正指令電磁的記録に関する罪」ですらすでに時代感覚に遅れているのだ。

そのためネットの中では「子供のイタズラに過剰反応する警察の技術無知」とか「世界中から嘲笑《ちょうしょう》…検挙数ノルマに利用か」のように揶揄《やゆ》する声も多かった。私もネット側の人間なので、そういう反応はわからないことはない。

しかし逆の側に立ってみよう。最近ネットに触れたような高齢者を頭に描けば、先のようなポップアップが突然現れたらパニックになるのは容易に想像できる。ウイルスだの悪いハッカーだの恐怖をあおるだけの報道も多い。「そんなことでパニックになる方が悪い」と言うのは酷だろう。

今後の電子行政の一般化のためにも、世代の断絶は課題だ。そういう方々にはネットを「正しく恐れる」ための、新時代の一般教養をぜひ身に付けてほしい。しかし、社会としても、新規ネット参加者をどう迎えるか——危険のない練習用の箱庭を用意するとか、そこでの教習費用を補助するとか、方策を考えるべきときに来ているのかもしれない。

制度設計のバランス感覚

ドイツで新型コロナウイルスの感染者が最多だった頃、ノルトライン・ヴェストファーレン州で、新型コロナ関係の詐欺が多発した。州政府が販売代理店を通して1000万枚のマスクを注文し17億円近く払い込んだが、商品が存在しないことがわかったという詐欺まであった。ユーロポールも『多くの人が危機と闘い、困っている人を助けるために忙しい中で、この状況を利用する犯罪者もいる』と警告しているが、当時は日本でも「N95のマスクを100万枚すぐ輸入できるが前金が必要」というような、いかにもな話がネットに流れていた。

多発した詐欺では、州政府が始めた中小企業への緊急支払いのための申請サイトの偽サイトから個人情報を抜き取り、それを利用しての成りすまし申請が行われていたという。そのため「当面フリーランサーや中小企業への支払いを停止する」ことになった。このようなことが続き、当初称賛されたドイツの芸術家やフリーランサーへの素早い給付も、書類審査が厳密化し給付にも時間がかかるようになったという。

混乱した状況の中、簡素な手続きだけで足のつかない現金がもらえるという状況は、いわゆる「反社」の人たちの大好物だ。苦しいという訴えだけで簡単に融資して破綻《はたん》しそうになった新銀行東京もそうだが、人々の善意だけを前提にしたシステムは、大抵その種の人たちの食い物にされて破綻する。

しかし、現在の新型コロナ危機のような切羽詰まった状況では迅速さも重要だ。今回の新型コロナへの経済対策では「ＧｏＴｏＥａｔの錬金術」から「持続化給付金の不正受給」

まで、多くの不正が問題になった。「最初からそれぐらいの不正は考えておけ」という声もあったが、ドイツもそうであったように、完璧《かんぺき》を期せば期すほど利用のハードルが上がる。スピード優先で、結果として被害が容認できる範囲だったらいいし、ダメなら一時中止という後手後手の対応でも致し方ない。非常時には「巧緻《こうち》より拙速」というのは確かだ。それこそが、まさに制度設計のバランス感覚だろう。

制度も国民性も商習慣もすべてが違い、他国の例は参考にならない。行政も、遅い遅いと叩《たた》かれながら、そういう制度維持と迅速さのバランスを取りながら、ギリギリの綱渡りをしている。最前線の医療関係者はもちろんだが、その後ろで社会を支えるため前例のない中で必死に働く行政に携わる皆さんにも、最大限の敬意と感謝を贈りたい。

郵便の住所把握システムを使い、全戸に布マスク2枚を配るという施策も「アベノマスク」などと揶揄する人は多かった。しかし、医療機関や介護施設など本当に使い捨てマスクが必要な現場に優先して届けるため——そして、他人に飛沫《ひまつ》を飛ばさないために、皆に布マスクでもいいからしてもらいたいという意図自体は正しかったと思う。配るのが遅れたため、ありがたみは薄れたが、計画された当初、日本でのマスク不足が深刻だったのは確かだ。その原因が、転売で利益を得ようとした一部の人たちの買い占めであったことも確かだ。

これに対して、台湾では当初よりマスクの販売を厳密に管理し、転売も許さず、すべての人に行き渡るようにしたため、そのような社会不安には至らず、その対策は大いに称賛された。ただ同じことが日本でできたかというと簡単ではない。なぜなら、それが可能だったのは台湾版マイナンバーカードで、悪意のある人がいる前提でも成りすましを許さず「あなたは誰？」を、それこそ相手が幼児でも確認できるインフラが利用できたからだ。

そのインフラがあったからこそ、台湾のデジタル担当大臣のオードリー・タン氏が、繰り返し購入を防ぎ、２週間おきに大人用９枚、子供用なら10枚を購入可能とする管理システムを素早く立ち上げることができた。残念ながらマイナンバーカード普及率がいまだ二十数パーセントの日本では、もしオードリー・タン氏が政府中枢にいたとしても同じことはできない。

マイナンバーの力

とにかく、１億数千万の国民のいる国で、外国の人も含め、すべての人に公正かつ安全に何かを届けるのはいかに大変か。システム設計する側に立って想像してみよう。布マスク２枚なら、少し間違いがあっても笑ってすむが、これが特別定額給付金の10万円だったらどうだろう。

問題は、やはり世の中善意の人ばかりでないということなのだ。

事前に本人確認の上、マイナンバーへ銀行口座を紐付《ひもづ》けしておくという施策もこの教訓から生まれたが、そういう確実な送金先は当時はなかった。それで簡単な一時の登録での送金を拙速に行えばどうなるかは、ドイツの例が示している（ちなみにドイツも日本と似ていて堅固なプライバシー文化があり、税識別番号しかなく連邦税務以外の利用は厳格に禁止されている）。

そもそも、マイナンバーカードをほとんどの人が持っている前提なら、拡張機能のマイナポータルを利用し、ポイントとして全部のカードに10万円分の価値を送付することが一瞬で可能になっただろう。それならば銀行口座を持たない子供や住所不定者にも、１人いくらの補助金を送ることができたはずだ。

それどころか実際には、子供等の扶養家族については世帯主による代表申請となったが、その確認がせっかくのマイナンバーを使って行えず、手作業で申請書と住民票を突き合わせる作業が必要になり、電子申請の方が紙より処理が大幅に遅れ、ついには電子申請の受付を取りやめる自治体まで出てしまったという体たらくだ。

第１章でも述べたように、社会のＤＸにおいてマイナンバーのようなＩＤの導入は不可欠。

これらのトラブルが報道されたためか、マイナンバーの利用制限の緩和についてやっと議論ができる状況になっているのは、ある種新型コロナの黒船効果とも言えるかもしれない。

デジタルの力は素晴らしいとは言え、それを野放図に利用すればいいというものでもない。中国ほどではないにしろ、韓国で成功したというコロナ封じ込め策も、感染疑い者の個人情報公開とか、スマートフォンGPSでの位置情報把握とか、非常事態でなければとうてい容認できないような、デジタルの力によるプライバシーと個人の自由の制限のオンパレードだ。結局、日本より果断な政策で称賛されている国は、すべて日本より私権の制限が簡単にできる制度を持つという立て付けになっている。

多分、新型コロナの洗礼により今後の世界は「中国を見習って」と言うか「中国に対抗するために」と言うか、という違いはあるにしろ、国による管理強化容認の方向に行くだろう。デジタルの力が中国のような完全監視社会を可能にしたからこそ、情報社会での国による管理と個人の自由のバランスは今後大きな論点になる。新型コロナ後は「何でもプライバシー最優先」はもう通用しない。しかし「安全のためなら、いくらでも監視」もまずい。日本も今回の新型コロナ――さらには将来に危惧《きぐ》される鳥インフルエンザなどのより深刻な新型感染症に備え、社会としてのプライバシーと安全のバランスの議論を今すぐ始めるべきだろう。

Eジャパンからの脱却を

本書でも何度も触れているように、日本の行政のデジタル化は世界に比べ大きく遅れている。今回のコロナ禍でも給付金のデジタル申請を始めとして、その遅れが明らかになった。そのためか「デジタル庁」の新設という2020年秋に誕生した菅《すが》総理の指示に対しては――デジタル庁がどういうものでどういうことをやるかについてはまだ明らかではないが、その方向性に関しては多くの国民が支持しているようだ。

しかし、実は日本政府のデジタル化政策は2000年からと古い。それなのにどうしてこんなに遅れてしまったのか。当時のIT戦略会議が唱えた「Eジャパン」という掛け声を覚えておられる方もいるだろう。その成果としては高速インターネットの普及率が言われた。しかしコロナ禍で明らかになったのは、「世界最高のブロードバンド国家」が達成できたにもかかわらず、肝心のデジタル化で世界に大きく遅れたという現実だ。

結局「高速インターネットが普及さえすれば、デジタル化は自動的にうまくいく」という、その考え方自体が大きな間違いだったということだ。すでに多くの字数を費やしてきたように、高速インターネットの普及は様々な意味でのオープン化とセットでなければ効果がない

──というより、むしろそれ以前の通信コストが高かった時代の「世界との間の非関税障壁」をなくす方向に働き、日本を不利にさえする。それがここ20年の結論だ。

黒船で鎖国を解いた日本は、戦争のない２５０年の江戸時代から、戦争を繰り返すなかで多くのイノベーションを達成した欧米と急に接続され、植民地化の恐怖にさらされることになった。今行われている「オープンな世界との接続」は、戦争のような直接的危機感がない分、明治維新のようなドラスティックな国のやり方で変革を行う気概も生まれないまま、じわじわとイニシアチブを失う形で、しかし確実に進行している。コロナ禍による危機感によりＤＸへの機運が生まれたことは、それを活《い》かせさえすれば、日本再生の大きな──そして最後のチャンスかもしれないのだ。

デジタル庁の設立においては、Ｅジャパン時代からのデジタル政策との決別が大事だ。日本の政府では、前例を良しとする傾向がある。しかし繰り返しになるが、デジタルの世界は日本がまどろんでいたここ20年で大きく変わった。新しいオープン時代にはシステム開発の「やり方」もまったく変わっている。Ｅジャパン時代の古いやり方で成功体験を積んだ人でなく、台湾のオードリー・タン氏のような新しい人材に、日本のＤＸを率いてほしい。それができなければ、またＥジャパンの失敗を繰り返すことになるだろう。

「国のデジタル化」とは、環境整備さえすれば勝手にうまくいくという話ではない。目指すのは局所最適でなく、全体最適だ。そして単なる「改善」でなく「変革」である以上、どうしてもそのための司令塔が必要になる。それがないから縦割り行政の中で様々なシステムがバラバラに作られる。

同様のシステムを、二重行政どころか自治体ごとに別個に何重にも開発するという壮大な「税金のムダ」がある。同じ内容を何度も書かされ、印鑑や印紙が求められ、システム間も紙の書類やFAXでやり取りし、それをまたシステムに再入力するという、壮大な「人手のムダ」だ。コロナ禍対応などなくても少子高齢化で経済も萎縮《いしゅく》する中、日本にはそうしたムダに浪費できる余裕はすでにない。

FAXをメールに代えて部署間連絡するようなデジタル化による「改善」ではなく、デジタルに合わせてシステムを統合――つまりはDXを行うとなれば、これは部署の統廃合まで関係してくる変革であり、組織の抵抗勢力との戦いも必要になる。そのための司令塔はかなり強い意志と権限がないとできないだろう。

データの標準化

Ｅジャパンの時代と状況は大きく変わっている。そして、肝心のデジタル化で世界に大きく遅れる結果となった。たとえ国のＤＸの司令塔でも——司令塔だからこそ、国が必要とするすべてのシステムを設計し開発するのは不可能であろう。ではどうデジタル化するかという基本戦略で言うならば、最も重要なポイントは「データ標準化」と「行政プラットホームの確立」だ。

自治体や官庁ごとに同じ内容なのに書式が違うようなことは紙書類の時代ならいざしらず、デジタル時代には望ましくない。多重開発をしないためにも、データの再利用性を高めるためにも、データの標準化をするべきだ。米国のＮＩＳＴ（国家標準技術局）を始め、先進国には大抵、行政に関わる標準を決める権能を持つ部局があり、省庁を超えてデータ標準を定めている。むしろそういう部局が今までなかった日本の方が、文字通り遅れていた。これからのデータ駆動行政を前提としたデータ管理組織が必要なのだ。

２０１８年の12月に発覚した厚生労働省の毎月勤労統計での「不正」は、不正というより組織構造上の欠陥があらわになったものだ。毎月勤労統計は本来従わない場合の罰則まで統計法で定められている基幹統計である。

その東京の調査で、大企業の全数調査を２００４年から3分の1ですまし3倍してから合算する処理に変更した。労力は減るし統計としては大してズレない――この手法自体は母集団推計で、法的には明らかに「不正」でも、統計的には「不正」ではない、という思いもあったのかもしれない。それなら本来は統計法を変えるべきだったのに、法律変更は国会対策で大変と思ったのか、一片の事務連絡で行ってしまった。

ところが、それを処理するプログラムに3倍する処理を入れ忘れ、内部的にはどこかでミスに気が付いたのだろうが、ことなかれ主義で先送り。やっと２０１８年の統計見直し時にこのミスを秘密裏に修正した。その結果、給与水準が不自然に上がり、政権への忖度で給与水準が上がるように統計方法を見直したのではないかと報道され「実はそれ以前の15年の方が不正状態でした」というお粗末が発覚してしまう。

統計というのは基本「推計」で、その正しさは確率だ。大量の数字を食わせてプログラムから出てきた数字が、まったくおかしな値でもなければ誰も疑わない。しかし、だからこそ、その取扱には細心の注意と高度な統計学の知識が必要で、現場では手順の遵守が重要になる。年ごとに手法が揺らげば、前後の比較もできない。ところが今回は元データが消され合算の数字しかないため、統計的に「不正」でない過去の推計も復元できないという。ここまでひどい不正は過去になく、弁護の余地はない。

とはいえ、役人が賄賂《わいろ》をもらったというような話と違い、統計不正はピンとこない人も多いだろう。これは統計の役割に対するイメージがないことの裏返しでもある。だからなのか、政府統計の人員は60年代以降大幅に削減され、今や米国の5分の1、人口の少ない英国と比べても半分という。

「悪者」探しは重要だろう。しかし、総務省が行った基幹統計の一斉点検で各省庁にわたり多くの不備が見つかったというから、構造的問題があるのは明らかだ。

予算や人員を増やせないなら、現在のような各省分散の統計体制でなく、コンピュータを利用できる高度な統計学の専門家集団を集めた独立性の高い専門組織を作った方が効率化できる。そこでデータ形式の標準化を行い統計分析する。それが行政へのＡＩ導入の布石にもなる。そういうデータ駆動行政の司令塔とデータ管理標準の確立、さらにはその運用も考えなければならない。

行政OSとID

基本戦略の2番目に挙げた「行政プラットホーム」だが、これはＰＣのＯＳを考えてもらえばわかる。コンピュータでは、ＯＳによりハードウェアの機能を標準的に利用できるようにし、その上に個々の具体的アプリケーションを開発できるようにしている。印刷など大抵使うような機能をまとめたOSがハードウェアとの間にあるから、アプリケーションごとに多重開発しなくていい。

行政でも本人確認、手続きに伴う通知、入出金など、多くの行政サービスで共通に使う基本機能がある。それらを「行政OS」を通して使えれば、個々のサービスは独自処理部の開発のみで実現でき、多重開発の愚を避けられる。さらにこのOSに開発力を集中すれば、品質を上げ、セキュリティの強化やバグの発生を抑える効果も期待できる。

先にAPIの話をしたが、PCのOSの本質とは、アプリケーションがハードウェアの機能を簡単に利用できるように提供されるAPI群に他ならない。同様に行政OSとは政府の機能を、様々なアプリケーションから利用できるAPIの集合体——公共的なAPIガバメント分野のものからビジネスのAPIエコノミー分野のものまで——に他ならない。

APIガバメントの中には当然、企業の登記、土地取引、住民票の移動など役所の手続きすべてが含まれ、それらがプログラムから利用できるようになるというのが理想だ。そのときにはAPIの仕様を決めることが、そのまま行政の制度設計とイコールになる。

そして、行政のデジタル化＝行政OSという文脈で考えれば、マイナンバーは行政が国民を管理する番号ではなく、国民が行政システムを利用するためのＩＤということになる。それは行政ＯＳ時代の国民の権利そのものだ。国民を管理しやすいように付与する背番号とはまったく意味合いの違うものだ。

マイナンバーで問題になった個人情報の不当利用の恐れは確かにある。しかし、行政デジタル化の先進国のエストニアでは「行政ＯＳ」に個人情報へのアクセスを一本化し、通常でないアクセスはその個人に自動通知する機能をＯＳレベルで埋め込んだ。例えば警察が陸運局システムに自動車ナンバーで照会をかけると、即時に持ち主の携帯にその通知が来る。国民はあくまで行政ＯＳのユーザであり、スマートフォンのＯＳがそうであるように、ユーザのための様々な通知がＯＳから来るのが当然のことだからだ。

先に挙げた最近のセキュリティで「クローズ」が成り立たなくなっている話のように、行政デジタル化で個人情報の多目的利用を禁止してしまっては、デジタル化のメリットがなくなる。思考停止して「とにかく利用禁止」というのではなく、むしろデジタルの力を積極的に使うことで逆に行政システムを透明化し、不当利用への抑止力にするという考え方への転換が必要なのだ。

国民のマインド

個人情報へのアクセスがあったときの自動通知機能の話は、あるシンポジウムで行ったパネルディスカッションで、エストニアの方から聞いた話だ。そのパネルディスカッションは、話題のエストニアの電子政府について教えを乞《こ》うイベントで行われた。

日本の電子産業が世界を席巻《せっけん》するとばかりの『電子立国 日本の自叙伝』という自画自賛番組がNHKスペシャルで放送された1991年あたり——その時代を覚えている一部の読者は驚かれるかもしれないが、今の日本は人口130万人の東欧の小国に教えを乞う立場なのだ。

エストニアでは行政手続の99パーセントを始めとして、銀行手続や多くの民間手続も電子化され、省庁間連携も民間のやりとりも電子で完結する。第1章でも述べたが、数少ない電子化していない行政手続も技術的問題ではなく、婚姻と離婚のように双方の意思確認が重要——つまりは頭を冷やすために、わざと手間のかかる紙を残している分野だけだとのことだ。

エストニアがソ連に併合されていた歴史を知っていて「電子政府＝監視社会」というイメージから、電子的統制監視国家なのではと危惧される読者もいるかもしれない。しかしエストニアは、今や2018年経済自由度指数で世界7位。また経済だけでなく、日本が67位の報道の自由度ランキングでも12位という、自由で開かれた国家だ。

税金は税務当局のコンピュータがネットワーク経由で取得した情報から自動計算され、国民は内容チェックのみで処理終了。3ヶ月以上かかった還付金振込も今では数日――このような利便性が、初期段階での電子政府化への国民合意への大きな推進力になったという。

2017年の報告では、国内900以上の機関の1400種類にもおよぶ公共サービスが電子化されており、それ以前と比べ1年間で「820年分」の労働時間削減効果。エストニアの行政コストは英国の0・33パーセント、フィンランドの3パーセントというから驚く。

少子高齢化で人手が足りず、税負担軽減のためにも政府のスリム化が急務の日本――当然パネルディスカッションは、「なぜ日本がエストニアのようになれないか」という話題になる。

多くの方は「制度の問題」とか「スピード感がない」とか言うが、結局はそれも結果であって根本原因ではないだろう。

エストニアを先端デジタル国家たらしめたのは、第4代エストニア大統領イルベス氏だといわれる。ソ連占領から両親が逃れた先のスウェーデンで誕生、米国に渡りプログラミングを学ぶ機会を得たという電子技術系の大統領だ。

そのイルベス氏が大統領になる前に提案したのが、13歳からプログラミングを学んだ自身の経験による「タイガー・リープ・プロジェクト」だ。教育環境の電子化と、初等中等からのコンピュータ教育義務化計画だ。

この「タイガー・リープ・プロジェクト」が採択され、1996年にすぐ計画開始に移されたこと自体が、日本と違うエストニアのチャレンジを恐れないマインドセットの証《あかし》だろう。

結局、エストニアで2000年前後に多くの先進的な取り組みがなされた背景には、ソ連崩壊後の祖国の将来を考え、国の発展のためにリスクを取りにいくというマインドセットを持つ人々が多かったのだろうと推測できる。

やめる勇気を

エストニアと比べ危機感のない日本のマインドセットの転換として、特に重要なのが「やめる勇気」だ。これまでの日本のデジタル化では「こんな素晴らしいことが可能になります」というような「夢」は語られるが、そのために何かを「やめる」ということは語られなかった。30年前のまだ力のあった日本なら、「紙も電子も両方やって、社会の抵抗を最小にするように少しずつ移行」という悠長な戦略があったかもしれない。しかし、そのせっかくの余裕は使い切ってしまった。

日本の「戦略」はほとんどが「足し算」ばかりだ。何かを「やめる」という「引き算」は既得権益陣営の抵抗が大きいから、大方針で明示したくないということなのだろうか。しかし、軍事なら常に「攻め」だけということはない。そして「引く」ときこそ、うまく戦略を考えないと戦線が崩壊する。

実際、紙をやめるとなれば多くの抵抗が予想される。電子はわからないから嫌だという高齢者、ずっとやってきた仕事のやり方を変えたくない役所の担当者、人減らしになると反発する労働組合、紙処理関連のビジネスで利益を得ている企業などだ。

20年間でエストニアは行政手続の電子化がほぼ完了し、先述の通り、紙時代に比べ1年間で「820年分」の労働時間削減、行政コストは1パーセント以下になったという。肥大した行政コストにあえぐ日本としては羨《うらや》ま

図7-1　第４代エストニア大統領トーマス・ヘンドリク・イルベス（dpa/時事通信フォト）

しい限りだ。実際、千葉県の市川市など日本でもエストニアの行政システムをそのまま導入しようという動きが出ている——それほど、小さい自治体レベルでは切羽詰まっているのである。

もはや明確な「断捨離戦略」を掲げるべきときに日本は来ている。そうすることで、初めて国全体として、紙の撤廃を目指した工程の具体化が各分野で始まる。

電子化が一方的な首切りにならないように、業務が変わることに向けた再配置の計画も、電子化に対応できない高齢者のための電子化補助員とかデジタル民生委員のような新しい人員の導入も、期限が明確化し権限や責任の制度化も進む。民間企業はビジネスだから「何年までに役所で紙がなくなる」と決まれば、逆に大きなビジネスチャンスとして動き始めるだろう。電子化に向けた社会人再教育も活発化する。

ポジティブに考えれば、紙による非効率は日本に残された数少ない「成長」可能分野。サービス生産性を他国と同程度にできれば、社会全体で大きな「埋蔵金」が得られる。そのためにも行政が率先して「何年までに紙の撤廃」という目標を提示していただきたいと思う。

菅総理が、行政のデジタル化、システム統合を２０２５年度末までにと指示したというが、いつまでにという指示はまず重要だ。これから設立されるデジタル庁は、その権能を与えられた新設省庁として、ぜひ「やめる勇気」とそのための工程表を示してほしい。現在、政府が言い出した印鑑の廃止は、まずそのスタート地点。印紙からFAX、さらには数々の対面規制まで——やめるべきことはまだまだある。

なぜ変えられないのか

変えられない傾向については、単に日本人だけの問題ではなく、人間には元々その傾向があることは把握しておいた方がいい。そう把握した上で、どうマインドセットを変えるかが重要で、それを意識せずに論理的に説明すればうまくいくほど、簡単ではない。

どうしても命を天秤《てんびん》にかけざるをえない状況を単純化した倫理学の思考実験が「トロッコ問題」だ。「無人トロッコが暴走し直進だと5人死にますが、あなたがポイントを切り替えれば、死ぬのは1人です。どうしますか？」というものだ。

しかしこの問題が明らかにするのは、実は命の天秤があること自体ではない。助かる命の数だけを比べれば当然誰もがポイントを切り替えてもいいのに、少なくない人が「何もしない」を選ぶ。さらに「切り替えると5人死ぬ」と逆の設定にしたら今度はほとんどすべての人が「何もしない」を選ぶ。命の天秤の二択としては同じなのに、状況を逆にしても、選択は逆にならず「何もしない」ことの方を選ぶ人が多い。

ここからわかるのは「自分が変えた状況による死を、変えないときの死より過剰に捉える」という人の認知的な歪《ゆが》みだ。反ワクチン運動にも「接種したことによる被害を、何もしない、自然に任せたときの被害より過剰に捉える」という歪みが見え隠れする。

日本は特に「変えることを恐れる」傾向が強い。それは責任感が強くて不安に弱い国民性から、変えたことの心理的負担を取りたくないということなのかもしれない。しかし技術が世界を大きく変えている現在、「変える勇気」が必要な社会的「トロッコ問題」はますます増えていく。未来の世代のために、変えることによるリスクを引き受けても、先に進むべきときが来ているのだ。

ほんの数年前は、自動運転についても「安全性」を心配する声が聞かれた。それが多くの暴走事故——特に高齢者のアクセル踏み間違いなどのニュースを受けて、明らかに最近マインドセットが変わりつつあるのを感じる。ハンコの廃止も、ほんの数年前なら大きな抵抗があっただろう。しかし、新型コロナの流行によりテレワークが進み、「ハンコを押すために出社させられる」などのニュースで社会の雰囲気は一気に「廃止やむなし」に変わったように見える。不幸な出来事がないと、社会が変われないのは黒船時代からの日本の悪弊だが、変わるときは一気に変われるのも日本だ。これを機に日本のDXに対するマインドセットを整え、災い転じて……となせれば、日本にもまだ可能性はある。

民主主義国家のDXを支えるための教養

「実印」などという、入手さえすればパスワード認証なしで使える——よく考えればマイナンバーカードよりずっとセキュリティの低いものの上で社会活動を行っているのに、マイナンバーカードになると怖いという。そのくせ、ネットでの個人情報漏えい自体が聞き慣れたニュースになれば、もう気にしないのも日本人だ。

結局、正面から聞かれれば「セキュリティ」というが、実は人々は意外と気にしていないことは多い。しかし実際に行政が動こうとしたら「セキュリティは大事」という「建前」で動けなくなってしまう。マイナンバーカードも、そのため法律で利用目的をガチガチに縛ったから、エストニアのような利便性が打ち出せず、発行処理もひどく手間がかかる物になってしまった。そんな「ユーザビリティ」の低いものを誰が使いたいと思うだろう。

電子政府による統制監視国家化に対する恐怖を、ソ連に併合されたエストニア国民が持たないわけはない。しかし、だからこそ、先に述べた警察と陸運局の例のように個人情報は分散管理し、そのアクセスは自動的に当該国民に通知されるという、事後的リスク対抗策を行政OSに組み込んだ。「事前的なゼロリスク」が保証されないと怖くて前進できない日本にとって、これこそが「正しく恐れる」姿勢だ。

「セキュリティ」と「ユーザビリティ」のバランス感覚を持つ。そのためにはICT（情報通信技術）についての教養が必要だ。日本で初等中等教育からのICT教育必須化は2020年度から。初等中等教育からのICT義務教育化は、不足するICT技術者養成のためではない。今までの義務教育が全員必修なのは、それによる一般教養が民主主義国家を支えるひとりひとりの判断力のために必要だからだ。同じように、すべての国民がICTの基礎教養を持つことが民主的な電子国家となるためには避けて通れない。

そういう国民の育成に日本は出遅れた。先のパネルディスカッションではエストニアのタリン大学の教授が、電子手続の鍵《かぎ》になる――いわば電子的実印である「秘密鍵」のクラウド預託といった、現在進行形の電子政府の進化の説明を熱心に始めたとき、エストニアの電子行政コンサルタントの方が苦笑いをされていた。マイナンバーカードの普及と理解さえまだなのに、その次のステップを理解する日本の聴衆がどれだけいるだろうと思われたからだろう。

日本は今や世界の最先端から大きく遅れたということを自覚することが重要だ。それを今からどこまでキャッチアップできるか。教育が効果を示すには、７倍で進むドッグイヤーのＩＣＴの進歩を考えれば絶望的な時間がかかる。

といっても、やらなければいつまでたっても変わらない。少しでも加速するために、すでに社会に出た人のリカレント教育も含め、あらゆる努力で日本国民のマインドセットを「アップデート」する以外に王道はないと覚悟すべきだろう。

新型コロナ下の日本の大学

情報的対策という意味では、社会のレジリエンス――継続可能性にとって、情報通信技術が鍵であることを明白にしたのも、今回の新型コロナ危機の特筆すべき点だ。「ＳＡＲＳはインターネットが一般に普及してから初のパンデミック」と言われるが、その文脈でいうならば、「新型コロナはインターネットによる社会サービスが普及してから初のパンデミック」と言うことだろう。

インターネットを利用した社会サービスへと、変革しなければ継続できないとなれば、当然、大学教育も大きく変革を迫られる。

大学の春休み中に感染拡大が始まったので、当初はその影響が表面化しなかったが、私が学部長を務めるＩＮＩＡＤ（東洋大学情報連携学部）含めすべての大学で――コロナ禍の中4月になり新学期が始まっても、入学式ができないのは当然として、緊急事態宣言もあり、学生は通学できない状態が続いた。

9月が新学期の国が多い海外では、学年半ばということもあり、多くの大学がいち早くオンライン授業に移行した。それらの大学では従来オンライン授業を行っていたこともあり、教授ノウハウや機材、さらには成績評価をどうするかの制度まで含めた環境が整っていた。そのため移行はスムースだったと聞く。

一方、日本の多くの大学では経験もないと躊躇《ちゅうちょ》しているうちに、他に授業開始の手段がないということで、大慌てで、しかも手探り状態でオンライン導入を始めたところが多かった。結果、大学により情報インフラに大きな格差があり、それ以上に学部による講義内容の違い、さらには先生の個人的スキルも大きな差があるということで、大学界全体として見ればひどく混乱した状態になってしまった。

新学期にオンライン授業ができなかった大学もあったが、4月に開講できた大学でも情報インフラが全教科・全生徒がオンラインをする需要に耐えられず、多くの学生が授業に参加できないとか、途中で授業が切れるとか、資料の事前ダウンロードができなかったとか、さらには大学の教育システム自体がダウンしたといったトラブルが多発した。

しかし、この混乱を新型コロナによる想定外の「不幸」と捉えるのは間違いだ。多くの海外の大学がオンライン授業を事前に行っていたのは、何も今回のような感染症リスクを想定していたからではない。インターネットがもたらした変革の可能性をフルに活かすため、従来の「やり方」を根本から見直すというＤＸのトレンドに、社会が――それぞれの大学がきちんと向き合ってきたかどうかの違いが、新型コロナをきっかけに表面化しただけなのだ。

気候などの激変で水が干上がって取り残された水たまりのような厳しい環境が「変われないもの」を振り落とす篩《ふるい》になり、劇的進化を引き起こすという「断続平衡説」という進化理論がある。それでいえば日本の大学は、インターネットがもたらす環境変化程度では穏やかすぎて「この程度なら鍋《なべ》から飛び出さなくてもいい」と言いながら穏やかな滅びを迎える「ゆでガエル」のようだった。

新型コロナの危機がなければ、数十年後の日本では自動翻訳で言葉の壁も崩れ、優秀な学生はすべて海外の大学にオンライン入学していたかもしれない。そこに新型コロナが、まさに環境の激変として押し寄せたことは――ある意味の奇貨だったのかもしれないと思うくらいだ。

ＩＮＩＡＤは、２０１７年の新設学部ということで、大学のＤＸを当初より追求してきた。東洋大学とは独立したクラウド中心の最新の情報基盤を構築し、学生は全員ＰＣ必須、教科書も教材もすべてオンライン。紙資料は基本排除で、クラウドで資料配布し事前討議もする前提で教授会も最長30分。そういう大学だったため、今回の新型コロナへの対応もスムースだった。

それでも、例えばインターネット引き込みが全体で1本の集合住宅で周囲が一斉に遠隔勤務を始めると通信が途切れるなど、遠隔授業の受講者側の通信環境の問題は出ている。通信の確保には大学として緊急で補助金も出しているが、社会全体が一気にオンライン化したためのしわ寄せという意味では――デジタルデバイド（情報格差）といった問題も視野に入れ、フィンランドが制定した「インターネット接続権は新たな人権」と定義するような社会的対応が必要になるだろう。

民主主義のＤＸ

フィンランド運輸通信省は２００９年頃に、ブロードバンドへのアクセスを国民の「権利」として法律で保証するという宣言を発表した。ここで重要なのは、単なる政策目標でなく、これを「国民の権利」としたことだ。

基本的人権の中でも、生命権や自由権や財産権などの「自然権」に比べ、国家により欠乏や抑圧から免れる権利――生存権、教育を受ける権利、労働基本権、勤労権などのいわゆる「社会権」は比較的新しい概念の人権だ。20世紀に確立したことから「20世紀的人権」とも呼ばれる。産業革命以前「貧乏は個人の自己責任」という考え方だった。しかし、発達した工業社会に必要とされるのは、多数の教育を受けた労働者である。さらにはイノベーションを起こせる有能な人材を吸い上げる土壌としても――また消費者としても厚い中間層が必要とされる。つまり国民の生活を国家が保障することが、結果的に工業社会を支え国力に繋がる。人道的側面ではなく、そういう功利的な考えでも社会権は説明できる。

社会権が生まれた背景に産業革命というエネルギー分野のイノベーションがあった。つまり「新しい技術」が「新しい人権」を生むのだ。その点でいえば、インターネットを中心とする情報通信分野のイノベーションとそれに伴う社会構造の変化が生んだのが「ネット接続権」といえる。

その背景には、日本と同様の急激な社会の高齢化があり、非効率な社会プロセスに人手を割いていられる余裕はないというフィンランドの危機感があるという。事実マイナンバーの社会での活用がいまだに進まない日本に対し、フィンランドでは「国民ID」はもとより「住民登録センター」への各種住民情報の集中化も実現。新生児は病院で生後2時間以内に登録されて国民IDを与えられ、これをベースに子ども手当も自動的に支給されるという具合だ。

さらに、望ましくない利用を防ぐため、第三者が必要に応じて監察を行うオンブズマン制度のもと、それらの情報の公共機関や企業や研究機関への有料提供まで行っている。だから、国勢調査もデータベースを浚《さら》うだけでよく、1980年を最後に行っていない。当然、携帯電話でも利用可能な電子カードを利用した暗号化通信（ちなみにこの技術は日本のもの）により、納税など各種公共手続も行える。電子政府化は日本よりはるかに進んでいる。

しかし、使い勝手が日本とは比べ物にならないぐらいよくても、慣れたやり方が提供される限りはそちらに固執するという人も、高齢者中心に多く残る。感情的に過去に固執され少子高齢化の中で国の未来を危うくするならば……それを超えてネットワーク時代に適応した社会を実現するには「公共サービスの基本は電子ネットワーク」という原則をどこかで確立しなければならない。そのために出てきたのが「ネット接続権」という考え方だ。

重要なのは、社会権であれば、多くの「権利」が「義務」と対になっているということだ。例えば「教育権」では、民主政治にかかわり社会に貢献できる国民となるために——教育を受けることは「権利」であると同時に、親には受けさせる「義務」が生じる。「ネット接続権」でも同様に、少ない資源と厳しい自然環境、それに加えて急激な高齢化という状況——それらに耐えられる国となるため、社会の効率化のため、国民すべてが電子的に社会に参加することは権利であると同時に義務でもある。そして義務教育が必ずしも無料でないように、そのための応分の負担も求められる。その上で、どうしてもその負担ができない人には「権利」の側面が発動し、今度は政府に様々な施策を求めることになる。そういう目標をきちんと見据えた上での福祉であれば、地域のケアセンターでの「電子化講習」や「電子化補助員・後見人」といった制度設計まで社会負担として、広く理解を得ることも可能になる。

今後も生命科学など、様々なイノベーションにより新たな人権が生まれ、それらにより「21世紀的人権」が確立することになるだろう。何より問題は国民の「心の壁」である。それを取り除くための「新たな人権」の確立まで考えれば、これはネット時代のための「民主主義」の再構築まで行く話になる。まさに「民主主義のＤＸ」となるのである。

おわりに

残念なことに新型コロナはまだ収束していない。マスクの買い占めに始まって、給付金の配布遅れや事業の持続化補助金の申請の煩雑さまで、特に行政サービスにおいて「デジタル敗戦」という言葉が出るくらい、インターネットを活かせない古いシステムだらけという状況だ。その危機意識が、政府、企業から一般までやっと共有されてきたように思われる。

本文でも紹介したように台湾やシンガポールなどと——日本よりコンパクトな国ということはあると思うが——比べて見れば、DXがうまくいっていないから新型コロナ対策も遅れてしまった、という印象は拭えない。

新型コロナによるこれからの社会変化をさして「ニューノーマル」という言葉がよく使われる。この言葉は、もともとはITバブル後、2003年頃の米国の状況を指して使われたものだ。それがビジネスや経済学の分野で「大景気後退の後の金融状態」を指す経済用語として定着した。世界金融危機という「異常」が終わっても、それ以前の「正常」は戻らない。

金融危機ではないものの、長く続く危機は、それに適応しようとする社会に大きな不可逆的構造変化をもたらし、危機が過ぎても「古い正常」は戻らず「新しい正常」が始まる。長く続く世界的危機という意味ではパンデミックも同じ。それがコロナ禍の生む「ニューノーマル」だ。

科学技術が可能にした飛行機が、短時間で地球の裏側まで行って帰ってくるグローバル化を可能にした。そして南米やアフリカや中国などで「未開」の地がどんどん切り開かれ、その地の生物との接触機会も拡大している。いままでなかった新種の感染症が、あっというまに世界に広がる時代となり、世界的パンデミックのリスクは今後も減ることはないだろう。さらに、新型コロナどころではない、強い感染力と致死性を持つといわれる「鳥インフルエンザの人獣共通感染症化の突然変異」も、いつ起こるかわからないと言われている。

それに対して、今回のコロナ禍による「ニューノーマル」は、新型コロナ対策というだけでなく、社会をより感染症一般に耐性を持ったものに変えることに繋《つな》がりうるものだ。過去に戻れないことを嘆くのではなく、今後のためにいまこそ積極的に、新型感染症に抵抗力を持った社会にどう変わるかを考えるべきだ。

テレワークやオンライン診療の一般化、印鑑や紙書類、行政での対面規制の見直し、マイナンバー利用分野拡大の検討など――従来、前例墨守で進まなかった日本社会の改革が一挙に進んでいる。これらデジタルとネットワークベースでの社会の改革は、基本的に現実環境での接触の必要を少なくすることにつながる。

最小限の物理的接触で社会活動を維持できる基盤ともなるし、パンデミックが発生したおりには、マスクや給付金などの公平な配布や、三密回避といった対策を素早く可能にすることにも役立つ。さらに、これらは新型感染症対策でもあるが、同時に短期的危機の災害時・復興時の助けにもなるだろう。

さらに日常の障碍者サポートにも有効だ。触らなくても開けられるドアは肢体不自由の人にとっても優しいドアだし、転倒や体調不良を察知するセンサー群は高齢者や体の弱い人を守る機能でもある。

今後完全収束するのか、新型感染症によくあるように弱毒化し季節性の悪性の風邪として定着するかはわからない。とはいえ、コロナ禍もいずれは過去の話になるだろう。しかし「新しい正常」をどうするかは我々次第である。

14世紀の黒死病も多くの悲劇を生んだが、中世を終わらせ近代という「ニューノーマル」に繋がったのも事実だ。民主主義も科学もその結果と思えば、世界的危機を悲劇だけで終わらせないことこそ人類の強さだと思う。今回のコロナを災い転じて……となせるか。日本でもDXを進め、強い国になれるかは、技術よりも考え方や制度を変えられるかにかかっている。

坂村　健

2021年2月

本書は技術的な更新も多い事項を扱っているため、参考文献は著者のウェブサイトにて随時更新を行っています。参考文献一覧の代わりに下記の URL を記載しますので、アクセスの上、ご確認ください。二次元コードからもアクセスできます。
https://www2.ubin.jp/book/

坂村 健（さかむら・けん）
1951年、東京生まれ。INIAD（東洋大学情報連携学部）学部長、工学博士。東京大学名誉教授。1984年よりオープンなコンピュータアーキテクチャ「TRON」を構築。米国IEEEの標準OSとなり、IoTのための組込OSとして世界中で使われている。2003年に紫綬褒章、2006年に日本学士院賞を受賞。さらに2015年、情報通信のイノベーションを通じた人々の生活向上への多大な功績を認められ、国際電気通信連合よりITU 150 Awardsを受賞した。『IoTとは何か』（角川新書）、『イノベーションはいかに起こすか』（NHK出版新書）など著書多数。

DXとは何《なに》か

意識改革《いしきかいかく》からニューノーマルへ

坂村《さかむら》 健《けん》

2021 年 4 月 10 日　初版発行
2024 年 3 月 15 日　14版発行

◆◇◇

発行者　山下直久
発　行　株式会社KADOKAWA
〒102-8177　東京都千代田区富士見 2-13-3
電話　0570-002-301（ナビダイヤル）
装 丁 者　緒方修一（ラーフイン・ワークショップ）
ロゴデザイン　good design company
オビデザイン　Zapp!　白金正之
印 刷 所　株式会社KADOKAWA
製 本 所　株式会社KADOKAWA

角川新書

ISBN978-4-04-082339-3 C0236